Interview Tips

취업 면접 비법

KB027511

크라운출판사

프롤로그

"이제 취업을 해야 하는 초보 취업 준비생이 가장 먼저 해야 할 것은 무엇일까요?"

이 질문에 저는 자신 있게 답변할 수 있습니다.

'당신은 취업력(就業力)을 강화해야 합니다.'

취업력이란, 지원 분야의 지식, 커뮤니케이션 능력, 긍정적인 태도 등을 포함한 종합적인 역량입니다. 기업은 이익을 추구하는 집단으로, 이익을 추구하는 데 있어 필요한 능력과 역량을 갖춘 인재를 선호하기 마련입니다. 따라서 취업 준비생들은 이러한 기업의 요구에 맞춘 취업력을 키우는 것이 중요합니다.

최근 취업시장에서는 학점이나 언어능력, 자격증 등의 스펙보다 취업력이 더욱 중요해졌습니다.

여기서 잠시 생각해 봅시다. 과연 취업에 성공한 사람들이 모두 '스펙이 뛰어나기 때문에' 취업에 성공했을까요?

그렇지 않습니다. 취업에 성공한 사람들 모두가 '스펙' 때문에 취업에 성공한 것은 아닙니다. 실제로 취업시장에서는 취업력, 즉 전문성, 커뮤니케이션 능력, 긍정적인 태도 등 종합적인 역량을 갖춘 인재가 더욱 경쟁력이 있습니다. 스펙만을 쫓는 것보다 취업을 위해 필요한 역량을 갖추는 것이 중요합니다. 따라서 취업 준비생들은 이러한 "취업력"을 강화하는 데 집중해야 합니다.

저 역시도, 내성적인 성격으로 인해 사회성이 부족하고 혼자만의 시간을 즐기는 성향을 가지고 있었습니다. 하지만 이를 문제점이라 인식하고, 이것을 극복하기 위해 각 지원회사의 요구사항에 맞게 자신을 리모델링하면서 적극적으로 취업력을 강화해 나갔고, 이러한 과정에서 많은 노하우를 쌓을 수 있었습니다. 또한, 취업 준비생들은 시대에 적응해야만 합니다. 특히 나만의 경험을 근거로 한 지식과 정보를 활용할 수 있는 '정보 차별성' 또한 중요합니다. 이는 다른 사람들이 알지 못하는 유용한 정보와 지식을 갖고 내 경험을 근거로 풀어내는 것을 의미합니다.

이 책은 면접에서 필요한 핵심 전략과 방법을 제공하며, 각 분야에 맞는 면접 기술력을 크게 개선해 줄 것입니다. 이 책은 필자와 다양한 실제 성공 사례에서 나온 노하우를 기반으로 작성되었으며, 면접관의 시각에서 접근한 정보 또한 다수 담겨 있습니다. 이 책을 통해 여러분은 경쟁자와의 차별화된 경쟁력을 얻을 수 있을 겁니다.

또한 이 책에서는 면접에서 성공하기 위해 필요한 모든 것을 다루려고 노력했습니다. 오직 실전 '취업면접'을 위해 설계된 책이라는 뜻입니다. 면접에서의 자세, 목소리 튜닝법, 1분 자기소개 패턴, 토론 기조연설, 중간 반박, 최종 변론, 역량 면접 대비 문제 해결 프로세스, 산업 분석 방법 등 면접 준비에 필요한 모든 것을 다루고 있습니다.

여러분이 반드시 기억해야 할 점은, 취업은 상대평가입니다. 즉, 나와 경쟁자 중 한 명은 합격하고 한 명은 불합격하게 됩니다. 그러므로 경쟁자보다 단 1점만 더 얻으면 된다는 것입니다. 여기서 제시하는 정보를 활용하면 면접에서 경쟁자보다 1점 더 얻을 수 있고 합격의 경쟁우위를 가질 수 있을 것입니다.

마지막으로, 취업에 대한 불안감과 걱정은 누구에게나 있습니다. 하지만 이 책과 함께 면접 준비에 대한 불안감을 극복하고, 자신감을 가지고 면접에 임할 수 있다면 그것도 중요한 경쟁력이 될 것입니다. 이 책에서 제시하는 노하우와 전략을 활용해 승리하는 면접 준비하세요. 많은 합격 소식을 기대합니다.

차례

1 장

지난 10년간의 취업 코칭 결과

결과 1. 첫 직장에서 벗어나기 힘들었다

결과 2. '직무 vs 산업군'에서는 산업군이 중요했다

결과 3. '나를 원하는 회사'를 찾는 게 중요했다

결과 4. 시기별로 지원 전략은 달라져야 하더라

결과 5. 성별에 따라 유리한 직군이 존재하더라

결과 6. '전투적인' 지원자들이 합격률이 높았다

결과 7. 연봉 말고 적성을 택한 (소수의) 사람들은 공통점이 있었다

결과 8. ★면접합격 포인트는 1~2% 차이에서 결정났다!

결과 1

첫 직장에서 벗어나기 힘들었다

1+1=2. 누구나 알고 있는 간단한 산수처럼 첫 직장이 중요하다는 것도 일종의 정언명제와 같다. 그렇다. 당신이 선택하는 첫 직장의 직무와 산업군은 당신의 인생 전체에 있어 가장 중요한 시작점이 될 수 있다.

당신 주변을 한번 돌아보라.

비슷한 배경과 비슷한 전공, 비슷한 스펙, 그리고 비슷한 취업 시기 등 거의 동일한 조건에서 사회생활을 시작한 친구들을 떠올려 보자. 취업 후 그들의 모습은 어떠한가? 누리고 있는 삶과 주어진 조건이 같은가? 상식적으로 그래야 할 것 같지만, 실제로는 그렇지 않은 경우가 많다. 어느 한쪽은 여유 있는 삶에 높은 연봉, 그리고 좋은 이직 기회가 있지만 다른 한쪽은 빡빡한 삶에 잦은 야근, 그리고 적은 이직 기회가 있는 경우를 찾는 것은 생각보다 쉽다.

왜 그럴까?

답은 첫 직장의 산업군과 직무의 선택에서 찾을 수 있다.

당신이 선택한 첫 직장은 향후 당신 인생의 많은 것에 영향을 미치게 된다. 직무와 직장, 산업군과 관련한 다양한 조건에 더해 직장에서 만난 사람들을 통해 보고 듣고 배우게 된 것들은 당신의 생각과 행동을 변화시키고 미래를 좌우하기도 한다.

'너무 당연한 이야기네?'

이렇게 생각하실 분도 많을 것이다.

그러나 위에서 예를 든 경우처럼 첫 직장과 산업군의 선택에 따라 빡빡한 삶에 잦은 야근, 그리고 적은 이직 기회를 가지게 된 친구들은 모두 이것을 모르고 있었을까? 물론 그렇지 않을 것이다. 다만, 이 부분은 알고 있는 이론을 실제 자신의 삶에 반영하는 것이 매우 어려운 영역이다. 때문에 이와 관련해서는 단지 아는 것을 넘어 보다 면밀하고 깊숙하게 여러 가지를 성찰하고 평소에 준비할 수 있도록 해야 한다.

그럼 실제적인 예를 통해 알아보자.

당신이 물류학과를 전공했다고 가정하자. 당신은 대학 시절 내내 '국제 물류'에 관련한 다양한 지식과 네트워크를 쌓아왔고, 여러 회사에 취업하기 위해 지원을 했다. 지원 결과는 두 군데 회사에 합격! 합격한 회사와 지원부문은 첫째로 국내 유수의 물류 회사 해외 영업팀이고, 둘째로 자동차 회사의 물류 관리팀이다. 자, 당신이라면 두 회사 중 어느 회사를 첫 직장으로 선택하겠는가?

전공 등을 고려해 보면 전자의 물류 회사를 선택하는 것이 유리할 것처럼 보인다. 대학 시절 '국제 물류'를 심도 있게 공부한 점과 일하게 될 해외 영업팀이 큰 연관성을 가지기도 하고, 해당 회사에서는 당신의 전공이 주류에 속하기 때문에 앞으로 회사 내에서 당신의 능력을 펼치는 데 여러 가지로 유리할 것으로 보이기 때문이다.

그러나 이 경우에는 후자인 자동차 회사의 물류 관리팀을 첫 직장으로 선택하는 것이 여러 가지로 더 좋을 가능성이 높다.

그 이유는 먼저, 물류 회사는 고부가가치를 만들어내는 산업군에 해당하지 않는다. 기본적으로 많은 업무량에 비해 수익이 적은 산업적 특성을 가지며, 경쟁 업체와 크게 차별화될 수 있는 요인이 많지 않다. 또한 거래의 대부분이 B2B 영역에서 이루어지기 때문에 물류 회사가 늘 거래 관계에서 발주자인 갑에 대해 을이 되는 구조에 있다.

물론, 자동차 회사에서 물류 업무가 메인 업무에 속하지는 않는다. 그러나 당신이 업무를 수행하면서 얻을 수 있는 것은 많다. 당신이 자동차 회사에서 수행해야 하는 일은 물류 시스템의 운영에 있어 효율성을 담보할 수 있도록 하는 것과 협력사 등을 관리하고 현황을 파악하며 새로운 물류 루트나 3자 물류 방식 등을 창출해 내는 일 등이다. 그 과정에서 여러 물류 관련 협력 업체들의 최신 물류 노하우나 기업에서의 고도화된 물류 운영 경험을 자연스레 획득할 수 있어 물류 분야에서 개인의 전문성을 더욱 높일 수 있다.

이에 더해, 자동차 산업은 우리나라 경제에서 차지하는 비중이 매우 큰 주력 산업으로서 급여 수준과 복지 수준이 대단히 높고, 국가의 정책 방향에서 최우선적으로 고려 대상이다. 따라서 위험이 발생했을 때 회생을 위해 재정을 투입하는 등 다양한 방법으로 정책적 지원이 이뤄질 가능성이 커 타 산업과 비교하여 고용의 안정성을 크게 보장받을 수 있는 산업이다.

코칭 고객 중 약 80%가 첫 직장과 관련된 분야로만 이직 성공

실제로 나를 찾아온 많은 사람들의 경우도 그랬다. 이직을 하고 싶어도 대부분 첫 직장 경력을 기반으로 한다. 해마다 취업 시장이 더 어려워지다 보니, 산업군이나 직무를 완전히 바꾸어 새롭게 취직하기가 어려운게 사실이다. 첫 직장이 앞으로의 방향 대부분을 결정하는 경우가 많다.

자, 이제 다시 한 번 생각해 보자.
어느 회사를 선택하는 것이 좋을까?

물론 회사를 선택하는 기준에는 앞서 제시한 것 외에도 여러 가지 다양한 기준이 있을 수 있다. 또, 만약 아주 어린 시절부터 물류 업무에 큰 매력을 느껴 물류의 꿈을 꾸어온 사람이라면 여타 조건들보다는 물류 업무를 보다 본격적으로 하는 것을 최우선으로 여길 수 있다. 그러한 경우가 아니라면 일반적으로 위에서처럼 자동차 회사를 선택하는 것이 다방면으로 좋은 선택이 될 것이다.

본인이 잘 모른다면 취업 관련 전문가의 도움을 받아서라도 첫 직장을 잘 선택해야 한다.

결과 2

'직무 vs 산업군'에서는 산업군이 중요했다

앞에서 살펴본 예처럼 우리가 지원할 회사를 선택하거나 두 개 이상의 회사에 합격했을 때 고민하게 만드는 대표적인 요소가 직무와 산업군 사이의 경합이다. 과연 우리는 직무와 산업군이 경합할 때 어떤 선택을 해야 할까?

직무와 산업군이 경합한다면, 산업군이 우월한 쪽을 선택하는 것이 좋다. 특히 고려 대상이 되는 산업군이 우리나라의 주력 산업군에 해당하는 경우에는 직무가 100% 마음에 들지 않아도 되도록 선택하는 것이 좋다. 자동차, 전자, 에너지, 화장품, 금융 등 주력 산업군에 속하는 회사들의 경우 통상적으로 직무 순환 시스템이 잘 갖춰져 있어 첫 입사 시의 업무를 끝까지 수행하지 않고 다양한 분야에서 기회를 얻을 수 있는 경우가 많다. 또, 산업군이 안정적이고 발전성이 크기 때문에 그에 따르는 혜택을 덤으로 누릴 수 있다.

물론 직무가 본인에게 포기할 수 없을 만큼 중요한 요소라면 산업군에 관계없이 직무를 우선적으로 선택해도 좋다. 그러나 회사를 꼭 꿈을 펼치는 곳으로 생각하지는 말자. 현실적으로 회사가 개인의 꿈을 펼치는 장이 될 가능성은 매우 희박하다. 현실 속에서 보통 직장인은 회사가 필요로 하는 노동력을 제공하고 그 대가를 받을 뿐이다. 회사라는 거대한 조직은 개인이 꿈을 펼치며 하고 싶은 일을 할 수 있을 만큼 자율적인 공간이 아니다. 더욱이 어떤 직무를 선택하고 일을 하게 되더라도 직무와 관련 없는 일을 주로 수행하게 되거나 중요성이 떨어지는 사소한 일들을 도맡을 가능성도 농후하다. IPO 관련 팀에 입사해서 참석자들의 이름표 사이즈를 5X4로 할지 6X5로 할지와 같은 쓸데없어 보이는 일들에 업무 시간의 대부분을 할애하게 될지도 모른다. 따라서 직무에 큰 환상을 가지는 것은 첫 직장 선택을 실패로 이끄는 지름길이 될 여지가 있음을 꼭 인식하도록 하자.

결과 3

'나를 원하는 회사'를 찾는 게 중요했다

취업 시장은 고도의 경쟁 시장이다. 분명 좋은 일자리는 한정되어 있고, 그 일자리를 원하는 사람은 무한하다. 이런 상태에서 과연 모두가 좋다고 하는 그 한정된 일자리를 위해 밤낮없이 준비하는 것이 맞을까? 이 물음에 대한 정답은 사실상 없다. 당신이 기본 스펙을 갖춘 상태에서 다양한 정보를 수집하여 경쟁력을 확보하고 난 후 그 좋은 일자리의 주인공이 될 수도 있고, 그 일자리만 하염없이 바라보다가 다른 취업 기회를 모두 놓치고 자포자기하는 심정으로 슬픈 인생을 살아갈 수도 있다.

필자는 이와 관련해 항상 이런 질문을 받는다.

취준생 취업 전문가로서 적절한 조언을 해주세요. 저는 어떻게 해야 하나요?

그리고 이 질문에 대해 내가 찾은 답은 다음과 같다.

준 당신은 투스텝 전략을 사용해야 합니다.

스텝 1 (졸업 직전 ~ 졸업 후 6개월까지)	스텝 2 (졸업 후 6개월이 지난 시점)
지원자가 원할 뿐 아니라 누구나 가고 싶어 하는 고(高)경쟁 회사에 원서를 넣는다.	최대한 많은 산업군에 지원해야 한다. (지원 분야 다각화)

내가 입사하고 싶은 회사 VS 나를 원하는 회사

스텝 1 내가 입사하고 싶은 회사

이는 내가 지난 10년 동안 직접 검증한 중요한 전략이다. 먼저 당신이 정말 가고 싶은 회사에 원서를 넣음으로써 나중에 후회할 일을 만들지 않아야 한다. 취업에 미련이 남는 경우 두고두고 문제가 되는 경우가 많다. 일단 취업에 성공해 회사를 다니다 보면 주변에서 자신보다 스펙 등 조건이 그리 좋지 않은 사람들이 내가 다니는 회사보다 좋은 회사에 취업한 경우를 심심치 않게 찾아볼 수 있다. 그렇게 되면 늘 그에 대해 불만을 가지게 되며 다소간의 억울한 마음을 떨쳐내지 못해 회사에 적응하지 못하고 일이 적성에 맞지 않는다는 등의 핑계와 함께 대책 없이 퇴사하는 경우가 꽤 있다. 이후 이직이 어려워지면 결국 9급 공무원을 준비하게 되는 것이 전형적인 패턴이다. 실제로 생각보다 많은 직장인들이 이 전철을 밟는 경우가 많다. 앞서 이야기했듯 주된 원인은 미련이다. 취업을 준비할 때 내가 원하는 회사에 제대로 지원해보지 못한 것 같은 후회와 미련이 바로 그것이다. 따라서 그런 미련은 처음 취업 준비를 할 때부터 미리 해소하는 것이 좋다.

스텝 2 나를 원하는 회사

당신은 자신이 진정으로 원하는 일과 적성을 명확하게 파악하고 있는가? 이를 알아보는 것은 실질적으로 불가능한 일에 속한다고 생각한다. 기본적으로 100% 자신에게 맞는 일을 완벽하게 찾기 위해서는 세상에 있는 모든 종류의 일을 경험해 보아야 한다. 책을 통해 접하거나 이야기를 전해 듣는 등 간접 경험을 통해 이해한 직업은 실제 경험을 통해 이해한 직업과는 전혀 다른 차원에 속하는 경우가 대부분이다. 물론 다양한 주요 직업군을 경험해 보고 자신의 적성을 찾게 되는 사람들도 존재할 수 있다. 그러기 위해서는 부모님의 경제력 등 갖추어야 할 조건이 많기는 하지만 말이다. 그러나 그와 같은 일이 애초에 불가능한 보통의 사람들에게 그런 가능성은 고려 대상이 되지 않는다.

적성을 기준으로 하는 것은 어떨까? 글쎄, 적성에 맞는 직업을 선택하라는 이야기는 누구에게나 옳은 이야기로 들릴 것이다. 물론 맞는 말이다. 진정 적성에 맞는 직업을 선택해 살아가고 그에 맞는 실질적 삶의 수준도 보장된다면 더할 나위가 없을 것이다. 그러나 현실에 맞지 않는 허울 좋은 이야기에 불과하다.

우리나라는 내수 시장이 매우 협소하고 소수의 산업군에서 만들어내는 특별히 큰 부가가치가 국가 경제에 큰 지분을 차지하고 있다. 때문에 적성과 상관없이 특정 산업군에서 정형화된 업무를 빠르고 효율적으로 처리할 수 있는 사람이 인정받는다. 따라서 우리나라에서 적성에 맞는 일을 하며 일정 정도 이상 삶의 수준도 보장받기 위해서는 우연하게도 우리나라의 주류를 이루는 특정 산업군이 당신의 적성이어야 한다. 그런 조건을 모두 만족시키면서 동시에 해당 산업군의 직업영역에서 일할 수 있는 능력을 갖춘 사람을 찾는 것은 매우 힘든 일이다.

또, 그 모든 조건을 만족했다고 생각하고 좁은 바늘구멍을 통과해 취업에 성공하더라도 막상 일을 시작해 보니 적성이 아닌 것 같다거나, 적성에 맞아도 인간관계나 회사의 상황, 조직 등 여러 가지 외부요인으로 직업 선택을 후회하는 경우는 대단히 흔한 일이다. 자율성이 보장되지 않는 회사라는 조직 체계 하에서 적성을 찾는 것은 애초에 불가능하다. 정말 하고 싶은 일, 적성에 맞는 일을 완벽하게 수행하고 싶다면 독립해 회사를 차려야 한다. 회사의 조직생활을 수행하면서 적성을 부르짖는 것은 적어도 우리나라의 현실에서는 애석한 일에 속한다. 꼭 명심하도록 하자.

따라서 적성에 크게 구애받지 말고 최대한 다양한 직무와 산업군에 지원하기를 추천한다. 그러나 그 이야기를 꺼내면 꼭 듣는 질문이 있다. 예를 들면, "잠깐만요. 그런데 저는 전공이 환경공학으로 특이해서 에너지 회사나 환경 관련 회사가 아니면 지원이 어려운데요?" 등이다.

정답부터 이야기하자면 현실은 그렇지 않다. 해당 전공의 지원자도 금융 회사, IT 회사, 자동차 회사 등 다양한 회사에 취업할 수 있다. 그러나 해당 지원자가 타 산업군과 직무에 대한 취업 가능성을 스스로 원천봉쇄하지 않았을 때의 이야기이다. 다양한 회사에 취업하고 싶다면 먼저 다양한 분야에 취업할 수 있다는 생각을 가지고 지원부터 해야 한다.

지원 분야를 다각화하면 훨씬 많은 기회를 얻을 수 있다. 비록 탈락이 되더라도 제한시간을 두고 열심히 생각하고 고민해 지원했던 경험은 그 다음 회사에 지원하는 데 더 큰 경쟁력을 확보하게 해줄 것이다. 취업은 정확한 정보를 바탕으로 반복적 트레이닝을 거쳐 효율성을 극대화하며 불확실성에 대한 확률을 높일 때 그 성공 가능성이 대단히 커진다. 많이 시도해 보라.

이는 슈팅 게임의 예를 들면 쉽게 설명된다.

슈팅 게임을 해 보았는가? 왕을 깨기 위해서 어떻게 하는가?

'준비-조준-발사'의 과정을 거치는 것으로 단편화하여 생각해볼 수 있다.

그러나 이 과정은 실질적으로 자세히 살펴보면

'준비-조준-발사-발사-발사-발사-발사-발사-발사-발사……'

에 해당하는 것으로 생각할 수 있다.

즉, 취업 성공을 위해 당신이 발사한 총탄이 아직 충분치 않다. 어디 게임할 때 왕이 한 번에 쓰러지는 것을 본 적이 있는가?

한 분야만 고집하게 되면 조준 대상이 극히 적어진다. 지원 대상 분야를 다양하게 넓혀 지원서를 무차별적으로 '발사'하면 더 많은 기회를 얻게 될 것이며, 실패하더라도 그 경험이 자산이 되어 다음번 회사에 지원할 때 많은 도움을 줄 것이다. 다시 한번 강조한다. 많이 시도해 보라.

이러한 투스텝 전략을 시행하면 두 가지 장점을 다 챙길 수 있다. 먼저 내가 정말 가고 싶고 모두가 선망하는 회사에 원 없이 지원해보게 되어 취업에 대한 미련을 해소할 수 있어 좋다. 또 장기간 대기업/인기직종에만 지원해 여러 회사에 대한 지원 기회를 다 놓칠 가능성을 현저하게 줄일 수 있다. 졸업예정 또는 졸업 후 1년이 신입사원으로서의 가치가 가장 빛날 타이밍인데, 이 시기에 고(高)경쟁 회사에만 지원해 나머지 회사의 지원 기회를 놓치는 우를 범할 확률을 최대한 낮출 수 있는 것이다.

이에 더해 추가적으로 얻을 수 있는 효과도 존재한다. 여러 회사에 지원함으로써 내가 경쟁력을 뽐낼 수 있는 회사를 실제적으로 파악할 수 있게 되는 것이다. 나를 필요로 하는 회사와 직무, 산업군 등을 대체적으로 정리하면 추후에 차선의 선택을 하게 될 때 당신의 판단을 크게 도울 수 있을 것이다.

물론 투스텝 전략을 실행하는 것은 생각만큼 쉽지 않다. 누구도 대학시절 이런 내용을 알려주지 않기 때문에 시행착오를 겪게 되는 경우가 많기 때문이다. 때문에 투스텝 전략을 시행하지 못해 사회 초년생으로서 시작이 꼬이게 되는 경우를 주변에서 쉽게 찾아볼 수 있다.

이 전략의 핵심은 단위 시간당 고품질의 자소서와 이력서를 빠르게 생산해낼 수 있는 능력을 사전에 확보하도록 하는 데 있다. 나는 이를 '취업력'이라 부른다. 당신의 목적이 취업에 있다면 취업력을 확보하는 것은 토익이나 자격증, 학점 등보다 훨씬 중요한 요소로 작용한다.

취업은 전략이다. 비대칭적 정보를 바탕으로 경쟁자보다 전략적으로 앞설 수 있다면 취업 성공의 가능성은 훨씬 커진다. 취업 경쟁이 심화된 지금도 전략적인 준비 없이 취업에 도전하는 사람이 생각보다 많다. 따라서 스펙에서 다소 밀리더라도 취업력의 확보를 통해 당신은 좋은 회사로 취업에 성공해 향후 수십 년의 인생을 앞서갈 발판을 마련할 수 있다.

이어서 취업 준비 시기별 지원 전략에 대해 좀 더 자세히 설명하겠다.

결과 4
시기별로 지원 전략은 달라져야 하더라

이 책을 통해 취업준비생 여러분의 취업 지원과 면접 등에 관한 기술적 측면의 개선은 크게 이뤄질 것이다. 그렇다고 해도 가장 인기 많은 대기업에 취업하는 일은 쉽지 않다. 자리는 언제나 한정되어 있기 때문에 여러 가지 측면에서 발전을 이루더라도 대기업 취업에 실패하게 되는 분들이 많을 것이다.

따라서 좋은 대기업에 열심히 지원하되, 마지노선을 정하고 실패를 염두에 두고 다음 스텝을 미리 준비해 실행에 옮길 수 있어야 한다. 어느 시점 이후가 되면 과감히 눈을 낮춰 다음 장에서 설명할 Step by Step으로 방향을 확실히 전환해야 한다.

그렇다면 마지노선을 구체적으로 어떻게 구분해 정립할 수 있을지 알아보도록 하자. 이는 10여 년 동안 취업 관련 코칭을 하며 통계적으로 얻은 정보를 토대로 하여 임의로 설정한 마지노선이다. 따라서 각자가 처한 상황에 맞게 참고용으로 활용할 수 있기를 바란다. 마지노선 전략에 완벽한 답은 없기 때문이다. 5년 동안 취업에 성공하지 못하다가 결국 대기업에 취업한 사례가 실제로 있었다. 대기업 취업만이 절실한 목표라면 5년이라는 시간을 투자하는 노력이 아깝지 않을 것이다. 그러나 그보다 현실적인 대안을 찾고자 하는 이들에게는 다른 전략이 필요할 것이다. 인생에 정답이 없듯 취업에도 정답이 없다. 그럼, 본격적으로 내가 전략에 대해 살펴보도록 하자.

1차 마지노선 : 졸업 D-6개월

나는 이 기간을 가장 중요하게 생각한다. 신입 지원자로서 가장 몸값이 높게 책정되는 타이밍이기 때문이다. 이때를 현명하게 보내기 위해서는 취업 준비 시작 전에 자소서 작성 능력을 일정 수준 이상으로 숙달시켜 두는 것이 좋다. 처음으로 본격적인 공채 기간을 경험하는 취업준비생들은 보통 정신이 없다는 표현을 많이 한다. 우후죽순 쏟아지는 채용공고에 어쩔 줄을 모르고 우왕좌왕하며, 채용공고가 앞으로도 이렇게 계속 쏟아질 것 같아 자칫 방심하고 한두 가지의 지원을 놓친다. 그러다 보면 집중적으로 몰려있었던 채용의 서류 전형 시즌이 모두 끝나 남은 공고가 없는 상황이 금방 찾아오게 된다. 일정 기간 서류전형의 기회가 확 집중된 이후 전체 채용 일정의 흐름이 급격하게 2차 면접 전형 중심으로 넘어가기 때문이다.

그래서 짧은 시간 내에 많은 원서를 지원하는 능력을 필요로 하게 되는데, 대부분 이 지점에서 실패를 초래하게 된다. 이러한 공채의 패턴을 사전에 충분히 이해하고, "아! 나는 4주 정도의 기간 내에 모든 채용원서를 다 작성할 수 있어야 하는 것이구나. 그리고 그 시간이 지나고 나면 이제 다음 공채 시즌을 기다려야 하는구나!"라는 문제의식을 가질 수 있어야 한다. 이 문제를 미리 인지하는 것을 가치로 환산하면 이 책값의 100배 이상을 상회한다고 생각한다. 이는 그만큼 중요하다.

졸업 전 취업을 준비하는 처음 6개월은 도전적으로 지원해야 한다. 다시 말하지만, 지원자의 몸값이 가장 높을 때다. 때문에 이 시기를 잘 활용하는 것이 무엇보다 중요하며, 그러기 위해서는 사전에 단위 시간당 고품질의 자소서와 이력서를 제출할 수 있는 능력을 트레이닝하고 '공채 서류지원은 약 4주 안에 집중된다'는 점을 꼭 명심해야 한다.

2차 마지노선 : 졸업 D+1.5년

2차 마지노선은 1차에서 실패하거나, 1차에서 성공했다 하더라도 만족하지 못해 재도전하는 경우에 해당한다. 이 시기까지는 그래도 1군 회사에 집중적으로 지원하여야 한다. 하지만 1차 마지노선과 달리 한 가지 양보해야 할 지점이 있다. 지원 직무 범위를 더더욱 넓혀야 한다는 것이다. 물론 본인의 전공이나 관심 있는 분야에 주로 지원해야 하지만 약간이라도 끌리는 분야에도 지원할 수 있어야 한다.

취업 스터디나 주변 사람들의 이야기를 듣고 '아, 저런 분야도 있구나. 내가 가진 전공이나 경험, 자격증 등을 저 직무와 연결시켜 볼 수 있을까?'라는 생각을 폭넓게 가지도록 하자. 그를 통해 지원 범위를 대폭

늘려야 한다. 물론 이 역시 D+1.5년까지가 마지노선이다. 경험 등을 통해 보면 이 기간을 넘어서 같은 방법으로 대응하면 실패할 확률이 높고 자존감이 크게 떨어질 수 있다. 따라서 졸업 D+1.5년까지 무조건 취업에 성공한다는 마음가짐으로 취업 성공을 위해 자신을 하얗게 불태우도록 하자. 고3보다 10배 이상 노력하고 집중해야 하는 것이 작금의 취업 전선에 뛰어든 준비생들의 현실이다.

사기업을 목표로 한 사람들에게는 추가로 공기업이나 공무원으로 전향할지 여부도 고려해볼 수 있는 단계이다. 대략 D+0.5년 이후 한 번 이상의 공채 시즌을 경험해 보고 나서 결정하는 것이 좋다. 그렇게 되면 어느 정도 본인의 취업 성공 가능성을 스스로 점쳐볼 수 있다. 학창시절부터 지금까지의 경쟁력을 스스로 다시 한번 점검해 보고, 본인이 공기업과 공무원 시험을 준비하면 가능성이 있겠다고 판단된다면 도전해 보는 것도 좋다. 공기업이나 공무원에 생각이 있다면 학교를 다니는 중에 결정하는 것이 가장 좋지만 일반 기업 공채에 도전해 보고 난 뒤 의사결정하는 것도 그 다음으로 좋은 타이밍이며 대안 전략이 될 수 있다.

3차 마지노선 : 취업준비 시작 D+2.5년

음… 3차까지 왔다면 눈을 대폭 낮출 수 있어야 한다. 중견기업은 물론 소기업도 생각해 보아야 한다. 마음으로 도저히 타협이 되지 않더라도 이성적으로 타협해야 한다. 더 이상의 시간을 소진하는 것은 큰 의미가 없다. 만약 3차 타이밍에 이 책을 처음 만난 독자라면 한 번만 더 시도해 보자. 여러 가지 기술과 정보 등의 업그레이드를 통해 보다 좋은 결과를 예상해볼 수 있겠으나, 그럼에도 실패한다면 그때는 정말 눈을 낮출 수 있어야 한다.

물론 무조건적으로 눈을 낮추라는 것은 아니다. 될 대로 되라는 생각으로 마구잡이로 지원하라는 의미가 아니다. 눈을 낮추는 데도 전략이 있어야 한다. 비정규직도 지원대상에 놓을 수 있어야 하며, 이때부터는 면접 기회가 늘어날 수 있는데 여러 가지 조건이 좋지 않더라도 회사를 선택할 중심적인 기준을 설정해두어야 한다. 필자가 추천하고 싶은 방식은 사람-산업군-직무를 순서로 우선순위를 정해 의사결정을 하는 방법이다.

사람을 고려해 보라는 것은 면접 과정에서 만났던 사람들을 면밀히 살펴보라는 의미이다. 소기업의 경우 대부분 면접 때 봤던 사람들과 같이 일하게 될 것이다. 그 사람들이 나와 맞는지 생각해 보아야 한다. 새로 오는 인원에 대해 중요하게 생각하는지, 내 이야기에 세심하게 귀를 기울여 주는지, 내게 어떤 것을 기대하는지 등을 종합적으로 판단해 보아야 한다. 소기업에서 인원을 신규채용한다는 것은 대부분 업무가 과다해 신규 인원을 필요로 한다는 의미이며 따라서 현재 사업 운영이 원활할 가능성이 크다. 또한, 소기업의 사업 성공은 대부분 사장 등 리더를 포함한 소수인원이 훌륭해 가능한 경우가 많다. 그런 회사를 잘 찾아내 그 팀에 합류할 수 있다면 대기업에 취업한 친구들 부럽지 않은 완전히 새로운 개인의 성장곡선을 만들어 낼 수 있다.

그러나 모든 지원 회사에서 같이 일할 사람들을 완전히 다 파악할 수 있는 것은 아니다. 그렇지 못한 경우도 많다. 그럴 때에는 차선책으로 산업군을 보고 판단하라. 조금만 관심을 가지고 찾아보면 해당 산업군이 상승 산업군인지 전망은 어떠한지 쉽게 찾아볼 수 있다. 단, 이 지점에서 주의해야 할 것은 해당 기업의 수익구조와 시장 전략 등도 꼭 살펴보아야 한다는 것이다. 만일 해당 기업이 경쟁력 없이 염가 공세 등의 전략으로 이득을 취하는 곳이라면 전망이 불투명하며, 가격 할인 전략 이외의 전략이 부재해 매출이 나기는 하지만 안정적이지 않아 장기적으로 큰 위험에 노출될 수 있다.

마지막으로 고려할 것이 직무이다. 물론 직무와 산업군이 경합할 때에는 앞서 언급했듯이 가급적 산업군을 중점적으로 고려하여야 한다. 물론 당신이 전혀 관심 없는 산업군과 직무에 지원하지는 않은 것을 전제로 한다. 또, 산업군 내의 경합에 있어서도 가급적 상승 산업군을 선택할 수 있도록 하자. 상승 산업군이 당신을 올라가는 에스컬레이터에 태워준다면, 하강 산업군은 한없이 내려가는 에스컬레이터로 당신을 인도할 수 있다. 내려가는 에스컬레이터에서는 당신이 열심히 뛰어도 제자리에 있을 것이며 조금만 방심해도 빠르게 뒤처질 수 있다. 꼭 명심하자.

결과 5
성별에 따라 유리한 직군이 존재하더라

분명 성차별은 사회적 문제이고 이에 대한 법적, 제도적, 문화적 개선이 필요하다. 그러나 취업 코칭 전문가로서 '합격'이라고 하는 목표를 두고 이야기하는 때이니 현장에서 피부로 와닿았던 요인들을 불가피하게 언급하고자 한다.

남성 지원자들은 제조업 위주 주력 산업에서 유리했다

남성 지원자라면 제조업 위주의 주력 산업에 꼭 지원해보기를 권한다. 해당 회사들의 취업에 있어서는 반드시 스펙만이 고려 대상이 되지는 않은 경우가 더러 있다. 예를 들어 해당 공장 지역에 연고가 있어서 정착할 수 있는 사람을 선호하는 경우도 있고, 성격 좋고 커뮤니케이션 능력이 뛰어나 첨예하게 대립한 팀의 갈등을 해결해줄 수 있는 신입을 선호하는 경우도 있다.

제조업군이면 업무가 힘들지 않을까 고민하는 이도 있겠지만, 일은 어디를 가든 힘들다. 그 대신 제조업군은 서비스나 유통 산업군 등과는 달리 국가 주력 산업군으로 장기적인 근무가 가능할 가능성이 높다. 제조업군이 무너지면 국가가 받을 피해는 막대하다. 때문에 공적 자금을 투입하는 등 정책적 배려를 해야 한다는 당위성에 대해서는 여러 계층에서 공감하고 있다.

물론 이에 대해서는 다양한 의견이나 반론이 있을 수 있다. 미래의 주력 산업군은 IT나 소프트웨어, 인공지능(AI) 관련 분야 등이며 제조업은 사양 산업이 아니냐는 의견과 제조업군은 조직의 특성상 군대식 문화가 강한데 그런 제반 요소는 모두 무시해도 되는 것인지 등이 간단한 예에 해당한다. 모두 맞는 말이다. 그러나 무시할 수 없는 현재의 취업난 등을 토대로 볼 때 그래도 직업의 안정성이 최우선적으로 고려되어야 하는 것 아닌가 하는 의견이다.

10년 전에도 IT와 BT 등 신생 산업군이 대한민국 산업의 근간을 뒤흔들 것이라는 전망이 많았다. 그러나 10년이 지난 지금도 일부 대기업을 제외하면 해당 업계의 급여나 처우가 주력 제조업 등에 크게 미치지 못하는 것이 현실이다. 체계가 자리 잡지 않은 신생 산업일수록 승자독식 게임이 될 가능성이 크며, 그때 승기를 잡고 시장을 크게 지배하게 될 지배 회사에 근무할 수 있을지를 미리 예견하는 것은 불가능에 가까운 일이다. 그러나 이미 체계가 잡혀 있고 규모의 경제가 필수적인 자동차, 전자 등의 산업군의 경우에는 다수의 직원을 고용하고 안정적으로 회사를 운영하는 것이 중요하기 때문에 직업적 안정성이 보장된다.

물론 제조업군에 속하는 대부분의 회사가 오랜 전통과 역사를 가지다 보니 보수적인 특성을 가져 사내의 군대식 문화 등이 단점으로 크게 부각될 수 있다. 그러나 시대의 변화에 따라 어느 정도 해소되고 있는 경향성도 있고, 이 장애물만 넘는다면 그에 대한 보상은 확실한 곳이 바로 주력 제조업군이다. 관심이 없었던 분들이라도 이 글을 통해 한번 관심을 가져 보았으면 좋겠다. 추후 언젠가 필자에게 고마움을 표시하게 될 날이 올지도 모른다. 만일 그때 선물을 주고 싶은 분들이 있다면 계란말이 김밥을 부탁드린다.

여성 지원자는 의류, 화장품, 교육, 유아 관련 분야에서 우세한 경향이 있었다

만약 여성 지원자가 전략적으로 취업 가능한 산업 직군을 찾는다면 위의 분야를 공략해보는 것도 좋다. 경험상 여성이 더 많이 포진되어 있는 곳들이다. 남성 지원자를 주로 선별하는 곳에서 여러 번 낙방했더라도 단순히 좌절 모드에 빠지지 말라는 차원에서의 제안이다. 특히 취업은 상반기, 하반기 딱 2번의 시즌으로 진행되기 때문에 황금 같은 첫 1년을 그냥 허송세월하지 말라는 의미에서 진심으로 조언을 남긴다. 만약 지원자가 남성을 선호하는 분야에서 취업에 벽을 느꼈다면 반드시 다른 분야에도 도전해 취업 안정성을 가지고 가라는 이야기다.

실제로 10여 년 동안 취업 코칭을 받은 여성 고객분들을 통해 회사생활에 대한 소식을 들은 적이 많다. 그들의 이야기에 따르면 여성들이 많이 근무하는 회사만의 이점도 있었다. 임신과 출산 그리고 이후에 육아휴직과 관련해 적절한 제도와 사내 공감대가 형성되어 있다는 것이다. 남성 중심적 문화의 기업보다 장기근속, 육아휴직 등에서 유리한 측면이 있었다.

결과 6

'전투적인' 지원자들이 합격률이 높았다

많은 취업합격자를 살펴보면 공통으로 중요한 사실을 하나 발견하게 된다. 취업에 제대로 집중해 전력을 쏟다 보면 전에는 없던 좋은 기회들을 우연히 만나게 되는 일이 생각보다 흔하다는 것이다. 우연히 좋은 채용 정보를 얻거나 좋은 사람을 만나서 면접 기회를 얻는 일, 또는 누군가에게 도움을 주었던 일로 인해 특채가 되는 일 등이 이에 해당한다.

하지만 이것은 우연이 아니다. 지원자 본인의 노력 덕분에 얻은 결과이다. 통상 4학년 2학기가 시작되면 취업준비생의 머릿속은 취업으로 꽉 차게 될 것이다. 그 상태가 중요하다. 당신의 뇌는 안테나처럼 기능해 주변의 수많은 정보들 중 당신의 취업에 도움이 될 수 있을 만한 것들을 자동적으로 수집하고 분석하게 될 것이다. 그렇게 공고화된 상태를 깨고 여행을 가거나 게임을 하는 등 집중력을 흐트러트리는 것은 마치 잘 만들어진 프로그램을 포맷해 초기화시키는 것과 다를 바가 없다. 압박감을 느끼더라도 계속 그 상태를 항상성 있게 유지해 지속적으로 취업 준비 태세를 갖추어야 한다. 그래야 수업을 듣다가, 길을 지나다가, 뉴스에서, 취업 설명회에서, 버스 안 옆자리 다른 사람의 대화 속에서 예상치 못한 기회를 잡아낼 수 있다. 우연이라 치부하지 말고 자신의 에너지를 모두 집중해 그 기회를 찾아낼 수 있도록 노력하자.

그렇게 완전히 준비된 태세 속에서 채용 정보 검색과 지원을 하게 되면 일반적인 상태와 비교하여 몇 배 이상의 효율성이 발현될 수 있다. 나와 맞는 채용 정보를 검색하는 동안 우리 뇌는 수많은 채용 정보를 우리가 인지하는 것보다 빠르게 분류하고 분석한다. 그리고 최종적으로 우리에게 맞는 곳을 제시하게 되는데, 그 때 그 느낌을 우리는 감이라 표현한다. '이 회사가 좋겠는데? 지원해 보자!'라는 느낌을 감으로 전달해 주는 것이다. 이를 정확히 캐치하고 과감히 행동할 수 있어야 한다. 태세를 흐트러트리거나 여러 핑곗거리를 만드는 순간 당신은 이미 경쟁에서 뒤처질 수 있다.

꼭 기억하자. 취업에 임할 태세를 확실하고 완벽하게 갖춰 취업에 관한 수많은 정보 등에 뇌가 민감해지게 만들자. 그리고 좋은 느낌의 신호를 뇌가 보낼 때 공격적으로 행동해 해당 회사에 지원할 수 있도록 하자.

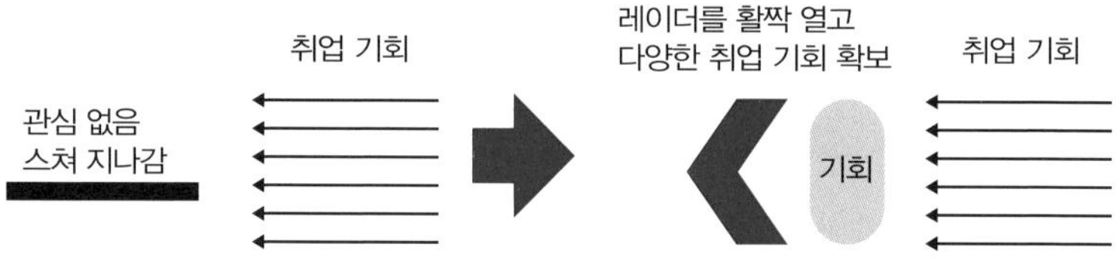

결과 7

연봉 말고 적성을 택한 (소수의) 사람들은 공통점이 있었다

초봉 6천(또는 그 이상)의 1군 회사	VS	초봉 3천 정도의 적성이 맞는 회사

당신은 어디를 택하겠는가?

'어차피 회사에 입사하게 되면 그 회사가 어디든 본인이 일하는 곳이 가장 힘들다. 그러니 가급적이면 연봉과 복지가 좋은 곳이 좋다. 회사에서의 자기발전이란 막연한 이야기다. 회사 업무에 자율성을 갖기란 쉽지 않으며 회사는 당신에게 지정해 준 역할을 제대로 수행하기만을 바란다. 그건 자기발전이 아니다. 잘 가공된 부품의 역할을 수행하는 것에 불과하며, 회사에서 자기 발전을 도모하는 일은 꿈과 같은 이야기다. 그럴 바에는 확실하게 보장되는 연봉을 택하라!'

필자가 해 온 조언의 기본 방향은 대략적으로 이러한 논리구조 속에 있었다. 대부분의 경우는 내가 제시한 방향성이 대체적으로 맞았다. 회사생활이 기존에 꿈꿔온 스토리와는 전혀 다르다는 것을 깨달아 가면서 연봉 기준으로 회사를 선택한 것에 만족한다는 평가가 다수였다. 이는 10년이 지나가면서 초창기 내 조언을 받아들인 취업생들이 대기업 과장이나 차장 등까지 진급하는 것을 추적 조사해 얻은 결과이다. 그러므로 대다수의 취준생분들은 이 조언대로 움직이면 된다.

코칭 수강생 5%, 연봉 포기하고 적성을 택하다

그러나 굳이 여기서 이 결과를 언급하는 이유는 그렇지 않은 소수가 일부 존재했기 때문이다.

한 이야기를 들려드리겠다. 가장 최근에는 초봉 6500만 원의 기획 직무와 초봉 3200만 원의 MD 직무 중에 양자택일해야 하는 지원자의 고민을 접한 적이 있었다. 나는 나의 원칙적인 조언 방향에 부합하는 대로 초봉 6500만 원의 회사에 그를 밀어 넣었다. 그리고 그 친구 입장에서 가장 현명한 선택을 했다고 믿었다. 그런데 느닷없이 3년 만에 회사를 그만두겠다는 그의 소식을 접했다.

준 아니, 무슨 이유로?

취업생 적성에 맞지 않아서요.

준 직무가 적성에 맞지 않는다고? (맙소사) 얘야… 저기 가서 이야기 좀 하자.

취업생 제가 하고 싶은 일과 너무 동떨어져 있어요. 뷰티 관련한 의류나 화장품 등을 발굴하고 판매하는 영업 일이 정말이지 하고 싶어요. 그런 능력을 키우면 나중에 결혼하고 출산을 하고 난 뒤에도 계속 일을 할 수 있고요.

준 물론 그럴 수 있지. 하지만 좀 더 깊게 생각해야 한다. 비록 MD 직무를 간다고 해도 네가 하고 싶은 일을 하는 건 아니다. 예를 들어, 제품 발굴이나 판매 일을 하기보다 보고서만 줄곧 작성하고 있을 수도 있다. 또한 그러한 산업군은 사람 간 경쟁이 매우 심해 업무 피로도가 훨씬 높은 문제도 가지고 있다. MD를 하고 싶다면 지금 회사에 다니면서 퇴근과 주말 시간을 이용해 너만의 시스템을 구축해 보는 것은 어때? 지금 네가 받는 연봉은 일급으로 따지면 거의 27만 원 정도 되고, 한 달에 500만 원 정도(실 수령액은 400만 원 정도)되는 높은 수준인데, 이 정도 부가가치의 순이익을 만들기 위해서는 매출이 최소한 한 달에 3천만 원 정도는 나와야 한다. 정말 이 정도로 팔 수 있는 자신이 있니?

취업생 지금의 회사를 다니면서 추가적인 일을 하기에는 너무 힘들어요. 관련된 회사로 이직하고 비록 급여는 적지만 제가 하고 싶은 일과 방향을 맞출 수 있다면 더 수월하게 독립을 준비할 수 있지 않을까 싶어요.

준 MD 직무를 실제로 접해보지 못했고 지금 회사의 단점은 바로 눈에 보이기 때문에 이론상 좋은 생각만 드는 것은 아닐까? 그쪽으로 방향을 틀면 생각지 못한 어려움이 닥칠 것이다. 당장 급여 수준이 절반 정도로 떨어지는 문제도 있지만 동료들과의 피 말리듯 치열한 경쟁은 상상 이상으로 쉽게 감당하기 어려울 것이다. 또, 해당 직무에 대해 고도화되고 노련한 사람들을 만나면 내가 별로 중요하지 않은 사람이란 생각도 들 수 있다. 이미 MD는 신규 직무가 아니고 기존에 있는 직무이기 때문에 그쪽의 규칙을 새로 정의하는 역할이 아닌 이상 놀랄 만큼의 성과를 만들어 내기도 힘들다.

취업생 어차피 지금 회사에서도 중요하단 소리는 못 들어요.

준 하지만 그에 대한 금전적 보상과 직무의 안정성은 유지할 수 있지 않느냐. 지금 퇴직은 결코 좋은 생각이 아니다. 다니면서 준비하기 싫다면 차라리 이직원서를 써 보자.

취업생 회사를 다니면서 이직원서를 쓸 시간이 도저히 나지 않아요.

준 음… 그럼 정말 후회하지 않을 자신 있느냐? 부모님과도 상의되었느냐? 일시적인 경제적 공백이 닥칠 때 자력으로 또는 부모님의 도움으로 버텨낼 수 있느냐?

취업생 네, 가능해요.

준 그럼 알겠다. 이직에 도전해 보자…

그 취업생은 그렇게 이직을 결정해 전략을 세우고, 경력과 경험을 예쁘게 포장해 결국 의류 산업군의 MD 직무로 이직에 성공했다. 나는 여전히 비관적이었고 분명 지원자도 후회할 것이라 생각했다. 그래도 그나마 집안의 경제력이 뒷받침되는 취업생이었기 때문에 리스크를 가져볼 필요는 있다고 생각했다.

그런데, '응? 행복하다고?'

얼마 후 들려온 소식에 의하면 그는 이직한 것을 정말 잘했다 생각하고 크게 만족하고 있다고 했다. 행복하다고 했다. '아… 연봉이 다는 아니구나. 물론 비슷한 연봉으로 경합한다면 당연히 원하는 직무를 선택하라고 할 텐데, 연봉 두 배의 차이에도 그럴 수 있는 것인가? 대체 어떤 기준으로?' 이 지점은 늘 내게 고민을 거듭하게 만들었다.

물론 대부분의 경우는 연봉 6500만 원에 훨씬 만족하며, 회사 내에서의 직무순환을 통해 자신만의 인생 방향을 새로 만들어 나간다. 그러나 혹시 당신도 이러한 경우에 속한다면 연봉이나 복지보다 당신이 원하는 직무에서 시작할 수 있도록 해보라.

➡ 조건 1 | 내가 뭘 하고 싶은지가 완벽히 명확하다.

대한민국에서 정상적인 교육의 커리큘럼을 통해 대학을 졸업하게 되는 사람 중 자신이 진짜 뭘 하고 싶고 좋아하는지 아는 사람은 통계적으로도 경험적으로도 대단히 드물다. 그럼에도 불구하고 자신이 뭘 하고 싶은지 명확하게 인지하는 사람이 있다. 물론 그런 경우에도 진짜 그 일을 하고 싶은 것인지 아니면 했으면 좋을 것 같다는 막연한 희망사항에 불과한 것인지를 확실히 구분할 수 있어야 한다. 만일 진짜 해당 직무에서 일하고 싶은 것이라면 해당 직무에 종사하기 위해 현실적으로 해야 하는 준비가 무엇인지를 명확히 알고 여러 가지 어려움과 희생을 각오하고 있는 경우가 대부분일 것이며, 희망 사항에 불과하다면 구체적인 준비를 하는 것이 망설여진다거나 주위의 반대의견 등에 대한 자기 확신이 크지 않을 것이다.

첫 취업 때부터 이를 확인하고 취업 방향의 설정을 명확히 하면 좋겠지만, 문제는 어느 정도 회사를 다니다가 이를 발견한 경우에 있다. 이직 의사가 지금의 회사에 여러 가지 불만족스러운 면의 반대급부로 만들어진 것은 아닌지, 진짜 자신이 이직하려는 해당 분야에 확실한 적성을 가지고 있고 국내 최고 전문가가 될 수 있다는 자신이 있는지의 여부를 확실히 파악해야 한다. 스스로는 알고 있을 것이다. 내가 핑계를 대고 있는 것인지, 정말 확고한 신념을 가지고 있는 것인지!

➡ 조건 2 | 남의 시선이나 평가에 신경 쓰지 않는 성격이다.

우리가 모두 알다시피 직업은 사회적인 시선을 꽤 많이 타는 요소 중의 하나이다. 우리나라에서는 이른바 '사' 자 들어가는 직업을 가지고 있거나 대기업에 다닌다고 하면 결혼 정보 회사에서 그 사람의 등급 산정 시 매우 높은 등급을 받을 수 있다는 이야기가 나올 정도 아닌가. 우리는 어떤 사람을 평가할 때 그 사람의 직업과 회사를 살피고 그 사람을 평가하는 일에 매우 익숙하다. 직업과 직장에 대한 각종 비교 또한 일상적으로 일어난다. 따라서 주위의 평가나 시선에 쉽게 흔들리는 스타일이라면 연봉이 높은 회사 혹은 사회적으로 인정받는 회사에 입사하는 것을 추천한다. 그러나 남들의 시선이 어떠하든 상관없이 꿋꿋하게 버틸 수 있는 성격이라면 연봉이 두 배 차이가 나더라도 본인이 하고 싶은 일에 과감히 도전할 수 있을 것이다.

➡ 조건 3 | 금전적인 문제에 크게 얽매이지 않는다.

직업 선택에서 금전적인 문제가 크게 대두될 수밖에 없다. 우리 앞에 놓인 현실적인 문제를 쉽사리 무시하기란 어렵기 때문이다. 그러나 집안의 경제력이 굳건히 담보되거나 여러 가지 조건상 고정비 지출이 적어 금전적인 이슈를 일정 정도 이상 감당할 수 있는 경우라면 리스크 높은 선택을 하는 것이 크게 문제되지 않을 수 있다. 그러나 책임져야 하는 가족이 있어 경제적인 문제가 실생활에 크게 영향을 미칠 수 있다면 하고 싶은 일을 포기하는 상황이 발생할 수밖에 없다. 물론 그렇다고 해서 하고 싶은 일을 무조건적으로 포기하라는 이야기는 아니다. 그러나 전적으로 도전하기보다는 회사를 다니면서 틈틈이 시작해 보는 등 리스크를 최소화할 수 있는 결정을 내려야 할 것이다.

결과 8

★면접합격 포인트는 1~2% 차이에서 결정났다!

지난 10년간 취업 시장은 많이 변해 왔다. 저자는 첫 취준에서 대기업 11군데에 합격했다. 만약 지금 도전하라면 6군데 합격도 쉽지 않을 것 같다. 그만큼 매년 신입사원을 뽑는 숫자 자체가 줄어들고 있고, 좋은 조건의 직장들이 사라지는 걸 피부로 느낀다.

그러나 신기한 것이 하나 있다. 나의 취업 코칭 결과들을 보면, 취업 서류와 면접에서 합격하는 법칙은 10년 동안 크게 변하지 않았다는 것이다. 즉, 여기에서 알려주는 원칙대로 하면 취업에서 반드시 경쟁자를 이길 수 있다.

그 비법은 바로 일반 지원자들이 모르는 1~2%의 차별 포인트들이다. 저자에게 1:1로 면접 코칭을 받으러 오는 친구들은 대부분 기본은 갖추고 온다. 〈1분 자기소개서〉와, 〈지원동기〉 정도는 모두 암기한 상태이다. 예상 질문도 많이 연습해 보고, 시사상식에 대해서도 어느 정도는 답변을 할 정도로 준비해서 온다. 그러나 문제는 모든 지원자들이 그 정도는 다 준비해서 들어간다는 점이다. 즉, 그 상태라면 면접에서 가산점 0점인 상태다. 적어도 마이너스는 받지 않지만, 평균 수준의 면접자에 머무는 셈이다.

따라서 비슷한 지원자들 사이에서 합격하는 ★1~2%의 차별화가 반드시 필요하다. 10~20%도 필요 없다. 단 1~2% 차이가 합격과 탈락을 가른다. 그 차이가 아주 미세한 것이기 때문에 면접자들은 반드시 신경써야 한다. 이런 전략은 인터넷 자료나 취업 스터디원들을 통해 배우기는 어렵다. 때문에 전문가가 쓴 책을 통해서 이해하고 몸에 습득할 때까지 연습하는 것이 아주 중요하다.

이쯤에서 궁금할 것이다.

1~2%를 업그레이드하는 데 시간이 얼마나 들까?

저자의 경험상 2시간~20시간 안에 모두 습득 가능했다. 그 포인트를 아느냐 모르느냐의 차이일 뿐, 머리로 인지하고 몸으로 3-4번만 연습하면 웬만한 수강생들은 모두 체득이 됐다. 그리고 무수한 합격 결과들로 지난 10년간 그 효과를 입증했다.

따라서 여러분도 이 책을 정독하고, 그대로 몸으로 연습해서 1-2% 차별화를 반드시 이뤄내길 부탁한다. 10년의 경험을 정리하면서 면접준비생들에게 가장 강조하고 싶은 내용이기도 하다.

2 장

취업 확률을 높이는 검증된 행동 프로세스

1

취업은 프로세스이다

취업과 관련해 꼭 명심해야 할 공략법이 있다. 바로 취업은 프로세스 방식으로 공략해야 한다는 것이다. 취업 지원 시, 각 채용 사항 하나하나를 개별적으로 공략하면 절대 안 된다는 뜻이다. 취업 시장이 어려울수록 정확한 프로세스대로 마치 취업봇처럼 검증된 알고리즘에 맞춰 딱딱 준비해야만 많은 지원 과정을 효율적으로 공략할 수 있다. 취업 합격은 순간의 성과를 통해 얻어낼 수 있는 보상이 결코 아니다. 취업 시장이 어려워지면서 이런 경향이 더욱더 강해지므로, 학과의 전설로 내려오는 이야기를 맹신하고 한방만 준비하는 방식으로 취업에 접근하면 크게 패할 수 있다.

프로세스라는 개념을 인지하고 이에 맞춰 준비하는 사람은 여러 회사에 합격하는 기쁨을 누리고 그 중에서 골라갈 수 있는 기회를 얻게 되겠지만, 그렇지 못한 사람은 단순히 운에 모든 것을 맡기게 될 뿐이다.

운좋게 한두 군데 합격하면 그 회사에 입사하게 되겠지만, 그렇지 못하면 취업 재수를 준비해야 한다.

그럼, 취업을 순간의 성과로 인지하는 사람들의 특징을 보도록 하자.

취업을 순간 성과로 인지하는 사람들의 특징		취업을 프로세스로 이해하는 사람들의 특징
(서류합격 후) 아싸, 서류합격했다. 왠지 다른 데 원서 쓰는 게 귀찮은걸?		**(서류합격 후)** 서류합격 2개째다. 면접준비를 하면서 동시에 공채 검색과 지원 시간을 배분해야겠다.
(면접 보고 난 후) 면접 결과는 언제 나오지? 나 이번에 될까? 안 될까? 아무것도 못하겠다.	VS	**(면접 보고 난 후)** 공채 검색, 서류지원, 면접준비를 다시 효율적으로 계속해야지!
(면접 탈락 후) 아, 나 망했어~ 졸업 유예해야 돼!		**(면접 탈락 후)** 서류 합격한 곳네군데, 면접 두 군데 군데 일정을 보며 추후 준비를 이어간다.

지난 10년간 취업을 프로세스로 인지하고 준비하는 것이 얼마나 엄청난 성과를 만들어낼 수 있는지 여러분과 똑같은 상황에 있던 많은 취업준비생이 다양한 실전준비를 통해 검증해 왔다.

취업 프로세스란, 취업합격을 목적으로 본인에게 최적화된 취업준비 절차를 지속해서 튜닝(수정)해 나가는 일련의 과정을 말한다. 구체적으로 이 과정은 '채용 정보 수집–이력서 작성–자소서 작성–면접준비'를 반복하는 과정을 통해 진행된다. 또한, 이 과정에서 중요한 것은 시간대를 정해 놓지 말고 바꿔가며 순서를 연결해 보아야 한다는 점이다. 예를 들어 어제 오전 8시~9시까지 채용 정보 수집을 했다면 내일은 오후 1시 ~2시까지 채용 정보를 수집하고 모래는 저녁 5시~6시에 채용 정보 수집하는 방식으로 시간대를 바꿔가며 시행해 봐야 한다. 그러면 본인이 채용공고 검색을 하기 가장 좋은 시간대를 알 수 있고, 이력서나 자기소개서를 작성하기 좋은 타이밍을 알 수 있다. 이 작업을 하면 취업준비 시작 후 약 2주 내에 자신에게 적합한 시간대의 틀을 잡을 수 있다. 어떤 사람은 30분 정도만 채용 정보 수집에 할애하는 사람이 있고, 어떤 사람은 2시간을 쓰는 사람이 있다. 이러한 차이는 전공과 지원 방향 등 각자가 처한 상황이 제각기 다르기 때문에 발생한다. 따라서 자신에게 맞는, 자신이 합당하다고 생각하는 수준까지 시간을 투입하면 된다. 자소서를 쓰는 능력이 다소 서툴다면 처음에는 5~6시간 동안 자소서에만 매달리게 되겠지만 점점 숙달이 되면 2시간 정도면 원서 하나를 뚝딱 쓸 수 있다. 이러한 취업 프로세스 개념을 정확히 이해해야 다음 챕터에서 설명할 취업력에 대한 완벽한 이해와 준비가 가능하다.

2
당신은 취업력을 갖추었는가?

[취업력]이란 단위 시간당 채용 정보 검색+이력서+자소서 작성을 고품질로 빠르게 해낼 수 있는 능력을 뜻한다. 동일한 24시간이 주어졌을 때 3~4개 서류지원을 할 수 있는 지원자가 있는 반면 1개의 지원도 제대로 하지 못하는 지원자가 있다. 이는 취업력의 차이 때문이며 공채 시즌 시작 전 이러한 취업력을 키워놓도록 하는 것이 영어나 자격증 등의 스펙을 준비하는 것보다 훨씬 중요한 일이다. 당신의 목표가 무엇인가? 자격증이나 스펙을 올리는 것인가, 아니면 취업해서 좋은 회사에 입사하는 것인가? 취업이 목적이라면 진짜 취업에 도움이 되는 능력을 키워야 하며 취업력이 그 핵심이 된다.

이토록 중요한 취업력 향상이라는 개념이 실전에서는 여러 가지 이유로 평가절하되고 있다. 특히 이 같은 상황은 잘못된 언론보도 등을 통해 공고해져 있다. '묻지 마 지원하지 말고 소신 지원을 해라'라는 내용의 언론 보도를 대부분 접해보았을 것이다. 물론 이론상으로는 틀린 말이 아니다. 그러나 꿈같은 이야기다. 소신 지원을 통해 본인의 적성에 딱 들어맞는 회사에 입사하게 된다면 얼마나 좋겠는가!

과연 이런 조언을 하는 사람들이 정말 책임감을 가지고 기사나 칼럼을 쓰는지, 또 우리나라의 일반적인 교육 커리큘럼을 거쳐 온 대부분의 취업준비생 입장을 이해하고 있는지 매우 의심스럽다. 누차 이야기하지만, 우리나라의 일반적 교육 커리큘럼을 거쳐 온 대부분의 사람들은 자신의 적성을 정확히 파악하기 어려운 환경에 놓여 있다. 필자와 상담을 거치는 1시간 내외의 시간 동안에도 취업준비생들의 적성에 대한 생각과 취업에 대한 지원 방향이 다양하게 바뀌는 일이 비일비재하다.

수많은 경험을 통해 필자는 위와 같은 언론보도와는 정반대되는 전략이 우리의 현실에 적합하다는 결론을 내렸다. 자신의 적성에 확신을 가지고 있는 사람은 우리나라에서 극소수에 불과하다. 그냥 전공을 따라 지원하거나 주변에서 많이 지원하는 곳을 지원하고, 부모 등 주변 사람들의 이야기를 그대로 따르거나 우연한 누군가와의 만남 등을 통해 사회생활을 시작하는 경우가 대부분이다. 그렇기 때문에 오히려 묻지마 지원이 될지라도 최대한 많이 지원하는 편이 낫다. 조금이라도 관심이 간다면 무조건 지원하여 많은 기회를 확보하는 것이 우리 현실에 맞는 현명한 취업 전략이며, 이후 합격한 회사들 중 나와 어느 회사가 가장 잘 맞을지, 어느 회사가 미래의 가능성이 가장 큰지에 대해 주변 전문가 등의 조언을 듣고 충분히 심사숙고해 결정하면 된다.

다시 강조하지만 그것을 가능하게 만드는 능력은 취업력이다. 취업력을 기르기 위해서는 취업 프로세스를 하루라도 일찍 연습하고 튜닝하며 최적화시켜야 한다. 꼭 명심하고 수행할 수 있도록 하자.

(1) 채용 검색 루트의 다양화

일반적인 채용 정보 검색 사이트는 누구에게나 열려 있다. 따라서 그를 통해 전달되는 정보는 대칭적인 정보이다. 그러므로 그러한 정보를 수집하는 것은 당연히 해야 하는 기본적인 일에 해당할 뿐, 거기서 그쳐서는 안 된다. 채용 정보 중 비대칭적 정보를 수집하는 데 큰 노력을 기울여야 한다. 자신의 학교 취업 정보센터에 개별적으로 올라오는 공고를 꼼꼼히 살필 뿐 아니라, 취업스터디 등에서 만난 친구들을 총동원해 각자 학교의 취업 정보 센터에 나온 채용공고들을 공유하도록 하자. 또, 외국계 기업의 수시채용이나 지인 등을 통한 내부자 추천 우선 지원 전형 등 남들이 모르는 비대칭적 정보 수집에 큰 노력을 기울이자. 이것만 잘해도 절반 이상 이긴 싸움이다. 레드오션에서 싸우느냐 블루오션에서 유유자적하느냐는 비대칭 채용 정보의 수집 유무에 달려있다.

(2) 이력서 기본 양식 작성

이력서에 들어가는 학교, 성적, 자격증, 취미, 특기 등을 미리 작성해 두어야 한다. 마치 Master 이력서와 같은 느낌으로 이력서에 들어갈 수 있는 모든 사항들을 정리해 두면 바쁜 공채 시기에 복사/붙여넣기로 간단히 대응할 수 있다. 이렇게 시간을 최대한 절약해 가장 중요한 자소서를 작성하는 데 투입하도록 하자.

(3) 자소서 항목 유형별 정리

자기소개서와 관련해서는 먼저 대표적인 질문 유형 5가지 항목을 정리해 두자. 성장 과정/학교생활/성격의 장단점/지원동기/입사 후 포부 등 대표적인 5가지 항목을 여러 개의 버전으로 미리 작성해 두면 예상치 못한 자소서 항목에 대한 대응이 가능하다. 예를 들어, '자신이 살아오면서 가장 큰 성과를 보았다고 생각하는 경험을 문제해결 과정까지 포함하여 본인의 역할이 부각되게 설명하시오.'라는 다소 어려운 질문 항목을 만나게 되면 기존에 있던 성장 과정과 학교생활 등에 대한 작성본 중 성과를 만들었던 경험이 담긴 자료를 바탕으로 해결 과정과 각 과정마다의 본인 역할 등을 조금 더 수정 및 첨부하는 방식으로 빠르게 대응이 가능하다. 이런 방식을 활용해 작성하면 1시간이면 될 일을 Zero Base에서 작성하게 된다면 하루가 걸려도 시간이 부족할 수 있다.

3
인맥을 제대로 활용하는 방법

솔직하게, 숨김없이 이야기하고 싶다. '세상은 당신의 노력을 배신하지 않는다.'와 같은 이야기는 교과서이며 원론적인 이야기에 불과하다. 10년간의 취업컨설팅 경험을 통해 내린 결론이 다음과 같기 때문이다.

"취업 시장은 불공평하다."

아프지만 인정해야 하는 현실이다.

"서류합격은 이미 확실하니 면접에서 구색만 좀 맞출 수 있게 준비시켜 달라."
"이번 합격생들 중 이래저래 빽 없는 사람은 없는 것 같다. 들러리 지원자들이 좀 안타깝다."

취업 시장은 불공평하다. 뒷배경 등은 취업에 있어 분명 무시할 수 없는 요소이다. 부모님과 친척, 멀게는 교수님과 대학 선후배 등 인적 네트워크를 통해 연관된 이른바 '빽'은 우리 취업 현실에 분명하게 살아 숨 쉬고 있다.

이런 현실을 경험하면서 필자도 이 지점에서 수없이 고민을 했다. 불공평하다는 사실은 분명한데, 보통의 다른 컨설턴트들과 같이 그냥 모르는 척 무시하고 지나가야 하는 것인지에 대한 고민이었다. 그리고 내린 결론은 그래서는 안 된다는 것이었고, 기왕에 분명히 존재하는 현실이라면 그를 철저하게 이용할 수 있도록 하자는 생각을 하게 되었다.

그 이후 새로운 기회를 찾을 수 있게 되었다.

당신이 가진 인적 네트워크 관계를 확실히 활용해 보도록 하자. 아무리 빈약한 인적 네트워크를 가진 사람이라고 해도 자신의 휴대폰에 최소 30~50명 정도는 저장되어 있을 것이며, 가족 등이 가진 인적 네트워크를 포함하면 그 규모는 더욱 커질 것이다. 거기서 시작해 보도록 하자.

'저 취업해야 하는데, 취업과 관련해 잘 아시는 분 있으세요?'

아무런 도움이 되지 않는 질문의 대표적인 예이다. 이에 대해서는 대부분 '없다'는 답변이 돌아올 것이다.

질문을 제대로 만드는 것이 무엇보다 중요하다. 여러 테스트를 거친 결과 가장 효율적이었던 질문을 공개하겠다.

'좀 부탁을 드리려 합니다. 제가 취업해야 하는 상황인데, 혹시 주변에 취업이나 채용 담당자를 알 만한 사람을 한 분 정도만 추천해 주실 수 있나요?'

절대로 취업이나 채용 업무를 하는 분을 알고 있는지 다이렉트로 묻지 않았다. 그냥 주변에 그런 일을 하는 사람을 알 만한 약간의 연관성을 가진 사람이 있는지를 물어라. 그렇게 되면 부탁을 받은 사람은 자신이 알고 있는 모든 인적 네트워크 중 조금이라도 취업과 관련이 있는 누군가를 연결시켜 줄 가능성이 높다.

'네가 정 사정이 그렇다면 꼭 그 사람이 취업이나 채용 일을 하는 것은 아니지만, 그 사람 주변에 취업과 관련된 도움을 줄 수 있는 사람이 있을 것이니 소개해 주겠다.' 등의 답변이 돌아올 개연성이 높은 것이다.

그렇게 얻은 리스트에는 회사 임원이나 교수, 최근 취업한 선배, 취업 센터 담당자, 인사 담당자, 컨설턴트 등 다양한 사람들이 포함될 수 있다. 이곳에서부터 출발해 도움을 요청해 보도록 하자.

빽을 사용하는 핵심 노하우

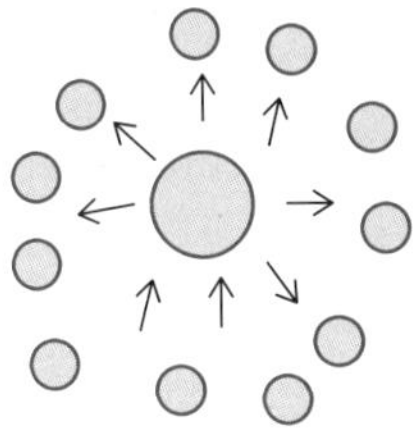

〈주변 사람 중에 있나요?〉

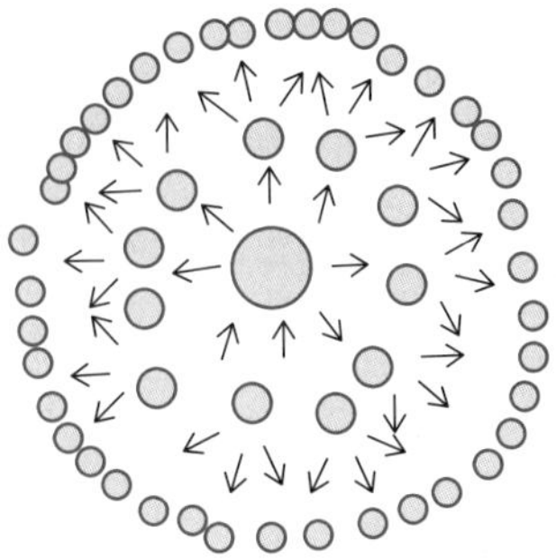

〈주변 사람 중에 알 만한 사람이 있나요?〉

취업 성공을 위해서는 수단과 방법을 가리지 말라.

취업은 전쟁이다. 전쟁에서 패배한 뒤, 정정당당하게 싸웠지만 졌다고 이야기하는 것은 의미가 없다. 어차피 모든 것을 승자에게 뺏긴 채 살아가야 하는 힘겨운 상황만이 본인 앞에 놓여 있기 때문이다. 결과를 먼저 생각하고 결과 중심적으로 행동하라. 그렇게 하면 결과를 얻기 위한 과정에서 남들보다 몇 십 배 이상의 노력을 하게 될 것이다. 최대한 많은 스트레스를 받고 고민하라. 그 노력과 시간이 당신을 한 단계 더욱 발전시킬 것이다.

3 장

서류합격 비법

앞서 언급했듯 서류합격은 불확실성이 크다. 따라서 서류합격을 위해서는 검증된 프로세스대로 준비하면서 본인에게 맞게 튜닝해 나가는 것이 중요하다. 이 장에서는 좀 더 기술적으로 자신의 지원 분야를 선정해 서류합격률을 높이는 방법에 관하여 이야기하겠다.

1

지원 방향 설정(하기 싫은 일 가려내기)

취업전선에 나설 때 가장 혼란스러운 일이 바로 지원 방향을 설정하는 것이다. 지금까지 어떤 직무에서 어떤 일을 하며 사회 활동을 하는 것이 본인에게 맞는 미래설계인지 명확하게 교육받아본 적이 없기 때문에 단기간에 지원 방향을 잘 찾기 위해서는 새로운 개념의 지원 분야 설정법이 필요하다. 물론 이 방법이 100점짜리는 아니다. 취업준비를 시작한 지 몇 개월 만에 100% 완벽하게 당신에 꼭 맞는 지원 분야를 찍어낼 수 있는 방법은 존재하지 않는다. 다만 실패를 최소화하는 방법을 고려해야 한다. 핵심은 자신이 하기 싫은 일부터 걸러내 보는 것이다. 여기서는 그와 관련한 3가지 주요 인자에 대해 설명하겠다.

(1) 자신의 스타일을 파악하라

우선 자신이 눈치가 빠르고 상황판단을 잘 하는 스타일인지 아니면 그런 것에 둔한 스타일인지를 파악해 보자.

만약 눈치를 잘 보고 상황판단을 잘 하는 스타일이라면 제조업 기반의 국내 기업 위주로 방향을 잡고, 그렇지 못하다면 IT 계열이나 외국계 기업, 스타트업 위주로 방향을 잡는 것이 좋다.

필자의 경우 좀 눈치가 없고 상황판단을 빠르게 하지 못한다는 이야기를 자주 들었다. 즉, 조직 적합도를 중시하는 국내 제조업 기반 회사에 적합하지 않은 성향이었다. 그러나 이런 상황을 무시하고 가장 보수적인 국내 제조업 기반 회사에 입사해 상당히 어려움을 겪었다. 회사에서 능력을 인정받겠다는 생각은 첫 신입사원 환영회 술자리에서 포기했고, 그 뒤부터 퇴근 후와 주말 시간을 이용해 자체생존 가능한 병행 창업을 생각하기에 이르렀다.

물론 그렇다고 눈치가 빠르지 못한 것이 '하자'라는 말은 아니다. 필자의 경우를 볼 때 눈치 빠르고 싹싹하게 행동하지 못해서 회사 내에서 개인의 성장 목표는 달성하지 못했지만, 그 문제를 해결하기 위해 필자만의 장점을 병행 창업에 적극 활용해 상당한 성과를 만들어 냈다. 모든 사람은 장단점이 있기 마련이며, 어떻게 장점을 극대화하고 단점을 슬기롭게 극복할지에 성패가 달려 있다. 자신에게 맞는 현명한 선택을 하면 된다.

본인이 눈치를 잘 보고 싹싹한 타입인가? 아니면 그것은 스스로에게 어려운 일인가? 자기 자신은 본인이 가장 잘 안다. 제대로 판단해 보자.

(2) 자율성이 있는 편인가, 없는 편인가

나는 과연 자율적인 사람인지를 판단해 보는 것이 회사를 선택할 때 두 번째로 판단해야 할 중요한 요소이다. 자율성은 본인 스스로가 어느 정도 기준을 가지고 자신의 시간을 통제하고 활용할 수 있는 대한 능력을 말한다. 학창시절 방학 기간이나 주말, 자유시간 등을 잘 활용하는 스타일이었는지를 생각해 보라. 자신이 자율성이 없는 편이라면 영업직이나 컨설팅 등 외근이 많은 직무는 피하는 것이 좋다. 가급적 정해진 시간에 업무를 처리하는 직무를 선택해야 한다.

이에 대해 한 가지 알려주고 싶은 사실이 있다. 우리나라 경제모델은 현재 점차적으로 시간 투입 기반의 경제모델에서 결과 중심 경제모델로 변화하고 있다. 이는 세계적인 추세이며 우리나라도 그 흐름 속에 있다. 어느 순간 완전한 패러다임의 전환이 일어날 수 있다.

이미 많은 기업이 스마트워크라는 이름으로 결과 중심 평가모델을 도입하고 있다. 그러므로 직장생활을 하면서 당신은 가급적 "집중 성과 지향형"으로 성향을 만들어가는 연습을 해야 한다. 모든 일을 미루지 말고 핵심사항이라 판단되면 주저 없이 집중해 단기간에 끝내는 연습을 하라. 이것이 향후 당신에게 있어 최고의 능력이 될 것이다. 취업을 준비하는 지금부터 이를 연습할 수 있도록 하자. 자율성이 조금 부족해도,

조금 게을러도 단기집중을 통해 성과를 만들어내는 능력만큼은 꼭 배양하도록 하자. 이를 꼭 기억하고 실천하길 바란다.

(3) 자신의 변화수용력에 대해 고민하라

사람 등 동물에게 있어 변화란 오랜 시간 구축해온 질서를 깨고 안전성을 약화하는 일이다. 때문에 사람들은 익숙한 것을 선호하기 마련이다. 그러나 변화를 즐기고 변화에 대한 적응에 강한 사람들은 분명히 존재한다. 그러나 만약 자신이 새로운 변화에 적응하는 것이 다소 느리고 신제품, 신기술 등에 대해 취약하다면 직무 선택 시에도 주의를 기울여야 한다.

변화에 대한 수용력이 약한 경우에는 우리나라의 주력 산업인 제조업 분야(자동차, 기계 분야), 정유/에너지, 식료품, 물류, 금융, 건설 등의 산업에 유리하다. 다만 IT 업계, 컴퓨터, 전자, 광고, 마케팅, 유통 등의 산업은 피하는 것이 좋다.

2
공채분석

서류합격을 위해 해야 할 가장 중요한 일임에도 불구하고 많은 사람이 쉽게 간과하는 것이 바로 공채 정보의 수집이다. 남들에게 잘 알려지지 않은 공채 정보는 보물과도 같다. 모든 기업이 대기업처럼 여기저기에 많은 채용공고를 낼 수 있는 것은 아니다. 때로는 지인의 추천만 받기도 하고, 특정한 곳에만 공고를 올리기도 한다. 이런 정보를 입수할 수 있는 루트를 주변에서 찾아야 한다.

① **학교 채용 정보 센터** : 여기서 포인트는 자기 학교만이 아닌 다른 학교의 채용 정보 센터도 조사해 볼 수 있어야 한다는 점이다.

② **주변 인맥 활용** : 앞에서 질문의 중요성을 언급했다. '좀 부탁을 드리려 합니다. 제가 취업해야 하는 상황인데, 혹시 주변에 취업이나 채용 담당자를 알 만한 사람을 한 분 정도만 추천해 주실 수 있

나요?' 이를 통해 전 · 현직 인사 담당, 각종 회사 임원, 채용공고를 내기 직전의 선배 등으로부터 의외로 많은 정보를 얻을 수 있을 것이다. 이것이 바로 진짜 비대칭적 정보에 해당한다.

③ **주요 채용 사이트** : 비대칭적 정보의 중요성을 언급했다고 정작 누구나 체크하는 주요 채용 사이트를 간과해서는 안 된다. 이를 확인하는 것은 기본이다. 웬만한 기업은 주요 채용 정보 사이트에 채용공고를 올리므로 꼭 확인해야 한다.

④ **외국계 수시채용** : 외국계는 수시로 원서를 넣는 곳이 많다. 취업 준비 전 이런 수시채용 루트를 알아두었다가 지원이 시작되면 여기에도 지원해야 한다. 외국계 회사의 홈페이지에서 수시채용 메뉴를 찾아 두라.

⑤ **정부 운영 사이트** : 무엇보다 고용노동부에서 운영하는 워크넷은 반드시 자주 찾아야 하는 곳이다. 다양한 분야에 '검증된' 채용공고가 있기 때문에 워크넷에 가입해 두고 가급적 자세히 본인 정보를 남겨놓도록 하자.

3
이력서

취업 서류 지원의 주된 첫걸음은 전략적인 이력서 작성에서 출발한다. 이력서의 주요 인자를 어떻게 작성하느냐에 따라 자신의 지원서가 수백 수천의 지원서에 파묻혀 쓰레기통으로 들어갈 수도 있고, 빛나는 최종합격의 단서가 될 수도 있음을 명심하자. 이제 이력서를 구성하는 각 항목에 대한 차별화 방안을 이야기해 보도록 하겠다.

(1) 사진

이력서에서 지원자의 첫인상은 사진에서 결정된다. 때문에 사진은 무엇보다 중요하다.

검색 사이트에서 인물 검색을 했을 때 결과로 노출되는 웹페이지는 이력서의 폼과 구성이 비슷하다. 그에 대한 사람들의 시선을 분석한 연구 결과, 사람들의 시선이 가장 오래 머물렀던 곳은 얼굴 사진이 있는 곳이었다고 한다. 인간은 사회적 동물로서 다른 사람의 얼굴 표정이나 인상으로 그 사람에 대해 무의식적인 파악을 한다. 딱딱하고 무표정한 얼굴은 당연히 좋지 못한 인상을 주며, 학점이 만점이라도 '이 사람은 공부만 했을 거야. 사회생활은 못 할걸?'과 같은 선입견을 줄 수 있다. 명심하자. 웃는 표정의 밝은 사진은 분명 이력서에서 큰 힘을 발휘할 것이다.

(2) 스펙–출신학교와 학점(1/3)

인정하고 싶지 않지만 서류전형에서 가장 중요한 평가 요소 중 하나는 바로 출신학교이다. 물론, 출신학교는 취업을 준비하는 시점에서 어떻게 할 수 없는 요소이다. 그러나 출신학교 때문에 취업에 희망이 없다는 마음은 버리라는 조언을 꼭 하고 싶다. 긍정적으로 바라보라. 지금 출신학교에 대해 부정적 감정을 쏟아낸들 바뀔 것은 아무것도 없다. 따라서 변경 불가한 요소에 대해서는 쿨하게 인정하고 출신학교를 장점으로 활용할 수는 없는지 살피도록 하자. 어떤 문화를 가진 학교인지, 어떤 선배들을 배출했는지, 어떤 것이 강점인지 등을 파악하다 보면 모교의 장점으로 어필할 만한 내용들을 충분히 찾아낼 수 있을 것이다. 그를 통해 돌파구를 마련할 수 있다.

학점은 4학년 1학기를 기준으로에 제시한 분류 기준을 중심으로 생각하자.

| 3.0 | 3.5 | 3.8 | 4.0 |

당신의 현재 점수가 3.6이라면 3.8까지 올릴 수 있을지 판단하라. 4학년 1학기를 기준으로 재수강이나 특별점수 등 자신의 학교에서 활용 가능한 방식으로 학점을 올릴 수 있는 방안을 강구해 학점을 올릴 수 있는 범위에 대한 예측을 해보라. 혹시 그 예측을 통해 위에 제시한 분류에서 다음 단계로 학점을 상승시킬 수 있다면 꼭 시도해 학점을 한 단계 위로 높일 수 있도록 하자. 그러나 만약 학점이 3.8인 상황에서 다음 단계인 4.0까지 학점을 올릴 수 없다면 영어점수나 자격증 취득 등에 자신의 역량을 조금 더 집중하라. 3.8인데 3.9를 목표로 할 필요는 없다.

● **추가로, 만약 당신의 점수가 3.0 이하라면?**

그런 경우라면 지금 이 책을 놓고 학점을 3.0으로 만들 수 있는 방법을 찾아내야만 한다. 학과사무실-학교 진학 센터-전공 교수-전공 조교-선배 등을 통해 가용한 모든 방안을 총체적으로 강구하라. 3.0 이하는 절대 안 된다. 학점 3.0은 인사 담당자의 입장에서 기본이 되지 않았다는 평가를 내리게 되는 마지노선이다. 거기에 미치지 못할 경우 졸업장도 의미가 없어진다. 향후 이직 시에도 주홍글씨처럼 평생 발목을 잡히게 될 것이다. 3.0 이하의 학점은 설 곳이 없다. 무조건 방법을 찾아라. 교양과목 등 학점을 관리할 수 있는 방법은 분명히 있다. 지금 당장 실행하라.

● **스펙-자격증(2/3)**

자격증은 '직무나 산업군과 관련된 것'이어야 한다. 이에 대해서는 기본적으로 다 알고 있는 내용일 것이다. 예를 들어 금융권 지원자가 금융 관련 자격증을 따야 한다는 정도는 지나가는 초등학생도 알 정도이니 여기서 굳이 언급하지 않겠다.

필자가 비밀스럽게 조언해 주고 싶은 것은 바로 '비대칭 전략 자격증'이다. 그렇다. 일반적인 사람들이 정보처리기사, MOS, 금융자격증 등을 따느라 엄청난 시간과 에너지를 소진할 때, 적은 노력으로 엄청난 차별화에 성공할 수 있는 자격증이 있다.

그것이 바로 비대칭 자격증이다.

다음의 사례를 보면 이해가 빠를 것이다. 필자에게 코칭을 받은 한 지원자는 경영학과 출신이었는데 이렇다 할 스펙이 없었다. 금융권을 가고 싶다는 근거 없는 목표가 있긴 했지만 그것은 희망사항이었고, 금융권 자격증을 준비하는 데도 너무 더뎠다. 이 친구에게 제안했던 것이 바로 '자동차 정비 자격증'이다.

경영학과 출신 중 자동차 정비 자격증을 가지고 있는 사람이 과연 있을까? 당연히 없다. 그러니 엄청난 비대칭 자격증이 된다. 학점? 어학? 큰 문제가 되지 않는다. 이 지원자는 자동차 정비라는 특이한 비대칭 자격증으로 다른 경쟁자를 압도하고 면접에서 수많은 질문을 받으며 인기 넘치는 관심 지원자가 되었고 여러 곳에 합격할 수 있었다.

이 친구는 자동차 정비 자격증 중 기능사 자격증을 취득했는데, 기능사 자격증은 관심만 있다면 중학생이 취득하는 경우도 있는 취득 난이도가 비교적 낮은 자격증에 해당했다. 그러니 그 효율성을 더 논할 필요가 있겠는가?

물론 본인의 지원 분야에서 꼭 필요한 자격증이라면 반드시 취득해야 할 것이다. 하지만 다른 사람들이 많이 한다고 해서 '묻지 마'식으로 자격증을 취득하는 것은 피하도록 하자. 채용 지원 시 묻지 마 전법은 큰 시간을 낭비하지 않지만, 묻지 마 자격증 취득은 당신에게 가장 중요한 자산 중 하나인 시간을 엄청나게 갉아먹을 수 있다.

● **스펙-어학 점수(3/3)**

어학 점수는 Dead Line을 명확하게 잡는 것이 포인트이다.

어학 점수와 관련해서 만점을 받지 못하면 절대 만족하지 못해 '한 번만 더'를 외치며 시험에 계속적으로 도전하는 사람들이 많다. 그러나 그를 통해 소비되는 시간이라는 중요 자산의 가치는 무시할 수 있는 것이 아니다. 만약 토익 기준 700점, 토익 스피킹 기준 6급을 기준으로 이 이상의 점수를 가지고 있다면 공채 시작 직전의 달을 Dead Line으로 삼고, 어학과 관련해 그 이상의 준비는 하지 않도록 하자. 거기에 소비할 시간에 공채 검색-이력서 작성-면접준비를 주요 골자로 하는 취업 Pipeline의 완성에 집중하는 편이 좋다.

(3) 취미/특기

당신은 취미와 특기를 자신의 이력서를 차별화할 수 있는 중요 전략 포인트로 활용하고 있는가? 아니면 그냥 아무 생각 없이 채워 넣는 빈칸으로 활용하고 있는가?

취미와 특기는 가장 적은 에너지를 소진하면서 가장 크게 효과를 볼 수 있는 전략 항목에 속한다. 학교나 학점, 어학점수 등으로 차별화를 도모하는 것은 많은 시간과 노력을 필요로 한다. 하지만 취미와 특기는 잠깐만 생각해 놓으면 효과적으로 경쟁우위를 확보할 수 있을 뿐 아니라, 향후 다른 이력서에도 그대로 복사/붙여넣기 하면 되기 때문에 투입 에너지 대비 효용성이 좋은 항목에 속한다.

그럼 구체적으로 어떻게 취미와 특기를 활용할 수 있을지 알아 보자.

취미 : 맛집 정리	취미 : 독서
특기 : 관상 분석	특기 : 운동

위의 두 사람 중 어떤 취미와 특기를 적어낸 사람에게 관심이 집중될 것 같은가? 실제 금융권 지원자가 왼쪽과 같이 취미와 특기를 적어내어 상당한 관심을 받고 최종합격한 예가 있다.

'많은 사람들은 맛집에 관심이 많으며, 우리 지점을 찾는 VIP 등도 근처 맛집을 발견하기를 원할 가능성이 높다. 나는 그 분들에게 제공할 맛집에 대한 정보가 많고, 추후에 그 사람들이 먼저 나를 찾아 연락해 오도록 할 수 있다. 또, 대학교 때부터 관상 보는 법을 배워 친구들의 연애 상담 등을 많이 해주었는데, 지점에서 방문 고객들에 대한 관상 분석을 통해 나만의 영업 이론을 만들어 내고자 한다.'

그 지원자는 위와 같은 내용의 이야기를 면접에서 풀어냈다. 어떤가? 질문을 유도할 만한 취미와 특기를 작성하고, 그에 대해 질문을 받았을 때 그 취미와 특기를 직무와 조합해 면접의 멘트로 활용할 수 있다면! 경쟁자보다 몇 걸음 앞서나갈 수 있는 전략적 무기가 된다.

그러나 만약 아무리 생각해 보아도 특별한 취미나 특기 등이 생각나지 않는다면, 다음과 같은 방법을 취해 보라.

취미 : 독서(그로스 해킹류)

특기 : 운동(슬랙라인)

독서와 운동으로 생각하고 있는 자신의 특기를 괄호처럼 바꿀 수 있도록 해 보자. 즉, 자신의 취미와 특기를 그와 관련된 특별한 용어로 표현할 수 있는 방법을 찾아보라는 것이다. 그저 독서가 취미라고 적지 말고 독서 중에서도 그로스 해킹과 관련된 책을 주로 읽는다고 적으라. 그리고 특기를 운동이라고 막연하게 적지 말고 미국에서 유행하는 운동인 슬랙라인이라고 적는 것이다. 이 방법을 활용하면 면접에서 면접관과 대화할 수 있는 좋은 주제를 만들 수 있을 것이다.

(4) 주소

주소에 대한 비밀을 모르는 사람이 많다. 상당수의 회사가 사옥과 집이 가까운 사람을 우선적으로 뽑는다. 심지어 지방에 위치한 어떤 회사는 '능력에 관계없이 집 가까운 사람이나 여기에 연고가 있는 사람을 뽑아라!'라고 지시를 하기도 한다.

당신이 채용 담당자라고 생각해 보자. 비슷한 능력에 집이 회사 근처인 사람과 집이 저 멀리 2시간 거리에 있는 사람 중 누구를 뽑겠는가?

주소는 얼핏 변경불가 스펙이라고 생각되지만, 실제로는 변경 가능한 요소에 해당한다. 주소는 간단한 전입신고를 통해 언제든 바꿀 수 있다. 따라서 지원 회사 근처에 친척이나 친구, 지인 등이 거주한다면 그곳의 주소를 이력서에 일단 기입해 놓고 최종합격 후 입사하기 전에 주민등록 등본을 발행할 때 바꾸면 된다. 물론 현재 집에 대한 대항력 권리 상실 등 약간의 문제가 발생할 여지가 있기는 하지만 취준생 신분에 자기 명의로 고가의 전세나 보증금을 설정해 둔 사람은 많지 않을 것이다. 또한, 그렇다 하더라도 취업이 우선이다. 합격하면 주소지를 바꿔서 제출할 각오를 해야 한다.

4
자기소개서

면접 기회를 얻기 위해 반드시 해야 할 것이 바로 자기소개서 작성이다. 이력서는 누구나 금방 뚝딱! 만들어낼 수 있지만 자기소개서는 준비가 된 사람과 그렇지 않은 사람 간의 차이가 커 결과가 극명하게 갈린다. 또한, 서류지원에서 가장 많은 시간이 소요되는 것이 바로 자기소개서 작성이다. 여기서는 자소서 작성 시 서류합격 확률을 높이는 전략 위주로 이야기를 풀어보도록 한다.

(1) 어필 포인트 설정

자기소개서 작성을 할 때 가장 먼저 해야 하는 것은 무엇이라고 생각하는가? 항목별 작성 샘플 검색? 물론 틀린 답은 아니다. 하지만 그렇게 작성된 자소서는 광탈의 가능성이 크다.

자기소개서 작성을 위해 가장 먼저 해야 할 일은 나의 어필 포인트를 기획하는 것이다. 이 비밀을 알지 못하면 최소한 1개월 이상 시행착오를 겪으며 시간을 낭비하게 된다.

어필 포인트란 간단히 말해 남들과 차별화되는 나만의 독창적인 장점을 말한다. 예를 들어 협동심, 솔선수범, 배려심, 경험을 통해 쌓은 지식 등이 이에 해당된다. 자소서의 각 항목은 이러한 어필 포인트가 하나씩 나타날 수 있게 작성해야 한다. 여기서 주의할 점은 절대로 어필 포인트를 해당 단어로 표현하지 말라는 것이다.

똑같은 협동심을 어필하는 두 방식이 어떻게 다르게 느껴지는지 비교해 보라.

Case 1) 저는 협동심이 많습니다.
Case 2) 저의 가장 큰 장점은 어떤 상황에서도 주변사람들과 함께 힘을 모아 성과를 만드는 방법을 안다는 점입니다.

같은 내용이지만 '협동심'이라는 단어 그대로를 사용한 것과 풀어서 설명한 것의 차이를 느껴 보라. 차이를 알겠는가? 공허한 표현은 자소서에서 큰 가치를 지니지 못한다. 그것을 다른 구체적인 표현으로 바꿔라. 아마 서류 합격률이 비약적으로 상승해 당신은 신세계를 경험하게 될 것이다. 이런 정보를 아는 사람이 거의 없기 때문이다.

이외에도 어필 포인트의 구체적인 표현 방식 전략은 또 다른 장점도 가져다 준다. 바로, 내용을 쉽게 연결할 수 있다는 것이다. Case 1 뒤에 어떤 이야기를 어떻게 붙여나갈 것인가? 공허한 단어만 제시되었다면 무슨 이야기를 적을지 막막할 것이다. 하지만 Case 2의 경우에는 누구라도 자신이 주변사람들과 힘을 모아서 뭔가를 해결했던 경험을 풀어 넣고, 그를 통해 강한 공감을 이끌어낼 수 있다.

(2) 주제 문구

주제 문구는 자소서에서 매우 중요한 역할을 한다. 자소서의 작성 내용을 확실하게 어필하는 광고 문구에 해당하기 때문이다. 당신의 자소서는 당신과 함께 지원한 수많은 지원자들의 자소서 중 하나로 인사 담당자에게 전해진다. 늘 이 부분에 대해 정확히 인지하고 자소서 작성 전략을 수립해야 한다. 당신의 자소서는 인사 담당자가 스캔하는 겨우 몇 초 사이에 그의 눈에 들어야 하며, 읽고 싶은 자소서가 되어야 한다. 이때 가장 큰 역할을 수행하는 것이 바로 주제 문구이다. 주제 문구에 대해서는 다양한 방식의 테스트를 바탕으로 아래와 같은 17가지 예시를 만들었으니 꼭 숙지하길 바란다.

주제 문구 작성 패턴 17가지

	주제 문구	예시
1	나만의 ~노하우	① 나만의 경청 노하우 ② 나만의 협상 노하우 ③ 나만의 5분 친해지기 비법
2	~의 습관	① 메모의 습관 ② 검토의 습관 ③ 경청의 습관
3	언어 유희	① 그냥 지원자가 아닙니다. 직무를 제대로 이해하는 지원자입니다. ② 먼저 들어주면 더 많이 말할 수 있다! ③ 34-25-36을 만들었습니다. (34번의 공모전 경험, 25살 때 어학연수, 36회 지점 방문)
4	A + B = C	① 정확함 + 신속함 ② 아이디어 + 팀플레이 = 목표달성 ③ 나만의 Followership = 자율 + 책임
5	설명 : 핵심 키워드	① 나의 대학 시절 포인트 : 임베디드 ② 제조 기술 경쟁력의 핵심 : 동시 공학 ③ 겸손 : 적을 만들지 않는 힘
6	(1~3가지의) 노력이나 능력	① 3가지 경쟁력을 갖춘 ○○○ 의류 디자인 담당자 ② 삼성의 기획실 담당자가 되기 위한 3가지 노력 ③ ○○○의 발전을 위한 나만의 3가지 실행 아이디어
7	지원 회사 내부 정보 활용	① 전사적으로 추진하는 원가 절감 15% 계획에 동참하여 실적을 만들어 가겠습니다. ② 중국 베이징 건설장비 시장 개척에 힘을 보태겠습니다. ③ 관리 부분 효율화 1인 1개 아이디어 캠페인에 맞춘 10가지 계획!

8	~(어필하고자 하는 큰 성과) 달성!	① 고객 응대 방식 변경으로 1달 만에 지역 지점 전체 3등 달성! ② 물류 회사 아르바이트에서 원가 절감 300만 원/월 달성! ③ 나만의 대면 영업 방식을 활용한 지점 매출 확대 달성!
9	~를 통해 배운 (핵심 가치)	① 채소 가게에서 배운 밀착 커뮤니케이션 ② 동아리 활동을 통해 배운 Win-Win하는 습관 ③ 산업심리를 통해 배운 설득의 기술
10	~개발, ~기획	① 자동차 기술 발전을 보증하는 기계 시스템 개발 ② 고령자를 위한 유휴 현금 창출 프로젝트 기획 ③ 스마트그리드의 실용화를 위한 인프라 개발
11	~(지원 직무의 주요 업무) 전문가	① 고부가가치 선박융합설계 전문가 ② 글로벌 두산중공업의 고정비 관리 전문가 ③ 건강식품에 운동요법을 더한 신상품 개발 전문가
12	~(직무의 핵심 역량) 만큼은 자신 있습니다.	① 해외 매출채권과 수금 상계처리는 자신 있습니다. ② VIP 전화응대만큼은 자신 있습니다. ③ 꼼꼼한 품질 관리와 재발방지대책은 자신 있습니다.
13	~(직무 담당으로서 만들어야 할 성과) 하겠습니다.	① 말보다는 실천으로 답하겠습니다. ② 모든 것을 사업 기회로 만들겠습니다. ③ 미래자동차의 심장에 LG 마크를 달겠습니다.
14	최신 사회 이슈 활용	① 페북보다 효과적인 나만의 고객네트워킹 ② 세대 갈등에 숨겨진 기회 시장 공략! ③ 월드컵처럼 함께 뭉칠 수 있는 온라인 커뮤니케이션
15	논리 밸런스 파괴	① 신중한 적극성 ② 담백한 조직인 ③ 유동적인 판단력
16	지원 회사 광고 문구 변경	① 두근두근 The day after Tomorrow ② Memory In Flight ③ 해봤냐고 물어보신다면, "물론 해봤습니다!"

17	자신의 장점으로 인해 회사가 얻는 이익 제시	① 나만의 관찰력을 통한 시장 기회 확대 ② 꼼꼼한 메모습관으로 얻은 효율적 멀티태스킹 ③ 신속한 '고객 친구 만들기'로 재구매율 2배 증가

– 출처 : 고확률 취업자기소개서 작성방법 –

(3) 논리 구조 설정

주제 문구를 통해 밀당의 달인인 인사 담당자를 슬쩍 낚았다고 치자, 그러면 이제 그가 당신의 자소서를 본격적으로 하나하나 꼼꼼히 읽어 줄 것이라 생각하는가? 당연히 그렇지만은 않다. 그저 쓱 훑어볼 가능성이 높다. 이때 중요한 것이 내용 구조이다. 자소서 내용에서 확률적으로 많이 읽히는 부분이 있다. 바로 처음과 끝 문장이다. 이 요소를 반드시 체크해야 한다. 가만히 생각해 보라. 수많은 텍스트 정보를 쭉 읽어 볼 때 각 문단의 처음 부분은 반드시 읽는 경우가 많고, 중간 부분에서는 '아~ 뭐 이리 글자가 많아~' 하면서 대충 스캔하며 넘어가다가 마지막 결론 부분을 유심히 보는 경우가 많지 않은가.

이는 미국에서 크게 발전하고 있는 인간 두뇌 신경이론에 근거해 과학적으로도 합당한 이야기이다. 우리 뇌는 신뇌, 중뇌, 구뇌로 구성되는데 신뇌는 앞뒤를 정확히 분석한 합리적 의사결정을 담당하고 중뇌는 감성적이고 직감적인 부분을 담당하며 구뇌는 신뇌와 중뇌에서 수집한 정보를 바탕으로 최종 의사결정을 내린다. 또, 구뇌는 무의식적으로 모든 의사결정을 총괄하기도 한다.

두뇌 신경이론은 인간의 최종 의사결정을 관할하는 '구뇌'를 중점 연구 대상으로 삼아 어떻게 하면 인간의 의사결정을 전략적으로, 내가 원하는 대로 바꿀 수 있을까를 고민하는 이론이다. 이 이론의 연구에 따르면 구뇌는 몇 가지 중요한 특징을 보이는데, 그 중 하나가 바로 처음과 끝을 중시한다는 점이다. 즉, 인간은 새로운 정보가 입력되면 처음과 끝을 반드시 주목하게 된다는 것이다. 우리는 이 이론을 활용해 인사 담당자의 무의식적 행동을 예측하고 이에 맞춘 전략적인 방안을 마련해야 한다. 그럼으로써 서류 합격 확률을 크게 높일 수 있다.

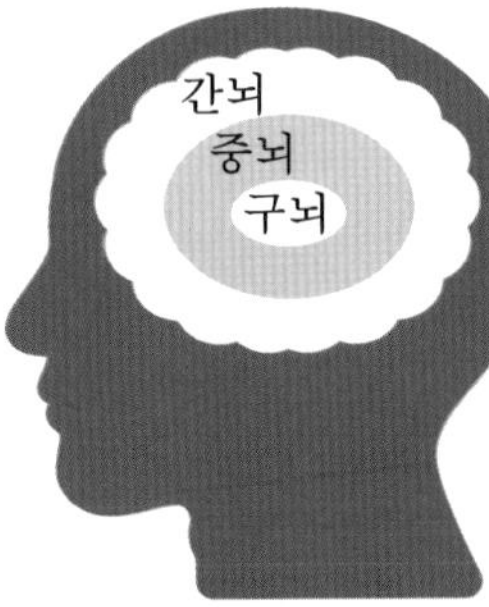

논리 구조를 맞춘다는 의미는 다시 말해 처음 문장과 끝 문장을 날카롭게 다듬어야 한다는 뜻이다. 주제 문구로 관심을 유발하고 본문에서는 인간의 구뇌 분석 가설을 따라 처음과 끝에서 인사 담당자가 가장 듣고 싶어 하는 말을 간략히 서술하도록 하자. 그것이 바로 핵심 포인트이다.

4

장

면접합격 비법

1
하드웨어-소프트웨어 시계추 이론

면접 책이라 알고 샀는데 앞에 서론부가 너무 길다고 느꼈나? 걱정 마라. 이제부터 본격 실탄 장착이다. 특히 앞의 내용을 잘 이해한 취준생이라면 지금부터의 이야기가 더 빛을 발할 것이다.

면접의 요소는 두 가지이다. '하드웨어'와 '소프트웨어'. 하드웨어는 말 그대로 지원자의 입장부터 말하는 목소리의 톤, 자세, 답변 태도, 표정, 그리고 퇴장까지 외적인 요소 전부를 말한다. 반면 소프트웨어는 면접자의 답변 논리, 내용에 해당한다.

취업전문가로서 말하건대 단연코 두 가지 요소 모두가 중요하다. 현장에서 취준생을 만나면 열에 여덟 명은 소프트웨어만 준비해온다. 대단히 위험한 발상이다. 이 책을 읽은 독자라면 제발 그러지 말길 바란다. 망한 면접으로 가는 수준을 넘어서 면접에 대한 큰 공포를 갖게 하는 실패로의 지름길이다. 긴장하면 할수록 엉뚱한 실수가 나오는 요소가 하드웨어적인 부분이다. 몸짓으로, 표정으로, 목소리로 다 드러나기 때문이다. 하드웨어가 무너지면 소프트웨어도 건재하기 힘들다. 필자가 하드웨어-소프트웨어 시계추 이론이라는 명칭으로 명확하게 둘을 나눈 것은 그만큼 잘 구분해서 기억하고 양쪽을 모두 신경쓰라는 의미이다.

여기에 하나만 덧붙이자면 신입 지원이냐, 경력 지원이냐에 따라서 하드웨어-소프트웨어의 경중이 달라진다. 신입은 하드웨어가 소프트웨어보다 중요하고, 경력직으로 갈수록 하드웨어보다 소프트웨적 부분이 중요하다. 자세한 내용은 아래에서 살펴보자. 현장 경험을 담아 하는 이야기이니 귀 기울여 들어주길 바란다.

Case 1. | **당신이 지금 ★신입 지원자라면?**

중요도! 하드웨어적 요소 〉 소프트웨어적 요소

신입 지원자들의 답변은 대체로 비슷한 수준에 머물기 쉽다. 아주 특이한 경험을 어필하거나 임원들의 눈이 휘둥그레질 만한 답변을 쏟아낼 사람은 극, 극, 극소수에 불과하다. 대부분 비슷한 경험과 스펙, 환경에서 지내 고만고만한 답을 한다. 그럼에도 누군가는 합격하고 누군가는 불합격하지 않던가. 그것도 고작 0.5점~1점 정도의 차이로 말이다. 신입 지원자의 경우 바로 하드웨어적 요소에서 그 차이가 갈린다. 직무 경험이나 관련 경력 이력도 짧고, 모두가 비슷한 경험 수준에서 답하기 때문에 더욱 그렇다.

→ 참고하자. 하드웨어는 사람에 대한 첫인상과 느낌을 결정하는 중요 요소이다. 사람에 대한 평가는 무의식적으로 이루어진다. 따라서 이를 의식적으로 잘 활용하면 무수히 많은 면접자 중에 독보적으로 좋은 첫인상을 만들어 낼 수 있는 것이다.

Case 2. | 당신이 지금 ★경력직 지원자라면?

중요도! 하드웨어적 요소 〈 소프트웨어적 요소

경력직 지원자들은 상황이 조금 다르다. 이미 비슷한 업무에 대한 경험이 있는 사람들이다. 여기서는 하드웨어보다 중요한 것이 바로 소프트웨어적 요소이다. 여러분은 이 산업과 직무에 처음 들어온 새내기가 아니다. 자신이 담당했던 일의 성과, 거기서 얻은 깨달음과 통찰력, 이 직무에 대한 본인의 능력을 강하게 어필할 수 있어야 한다. 경력이 3년차일 때보다 5년차, 7년차 인터뷰가 될수록 더더욱 소프트웨어적 요소로 평가하는 비중이 높아질 것이다.

이처럼 신입~경력이 오래될수록 하드웨어와 소프트웨어의 중요성이 왔다 갔다 이동하게 된다. 만약 기존 경력을 버리고 새로운 직무에 신입 직원으로 간다면 다시 하드웨어가 더 중요한 요소로 작용할 수 있다.

2
소프트웨어적 요소 준비

(1) 단기완성(당장 면접이 잡혔을 때)

면접이 시급한 사람들, 당장 2주 후에 면접장에 가야 할 사람들은 이 내용을 먼저 읽어라.

면접을 앞두고 준비할 사항은 여러 가지가 있다. 그런데 초보 취업준비생들은 흔히 한 가지 항목만 붙잡고 늘어진다. 가령 온 종일 그 회사에 대한 조사만 하다가 본격적인 면접을 준비하기도 전에 에너지를 다 써 버리고 지치는 오류를 범한다.

그래서 이 책에서처럼 전문가가 제시하는 타임라인을 따라 효율적으로 준비하는 것이 반드시 필요하다. 한 가지 주의할 점은 타임라인을 정했다면 정해진 시간 내에 각 단계를 마무리하고 바로바로 다음 단계로 넘어가야 한다는 것이다.

Tip | 시간이 없을 때, 이 책 활용법

시간적 여유가 있다면 책 전체를 모두 읽고 다 이해하는 것이 좋다. 하지만 마감 시간까지 이삼일밖에 없다면 단기완성에서 말하는 대로 집중연습할 필요가 있다.

[단기완성에서 빠뜨리면 안 될 5가지 키워드]

비언어적 요소를 활용한 면접합격률 향상 비법(많은 이들이 간과하는 부분이나 최종 면접에서 행동이나 표정으로 당락이 좌우될 수 있다. 합격을 위해 반드시 준비해야 하는 부분이다)

산업 분석 노하우

1분 자기소개 작성

지원동기 작성

당락을 좌우하는 면접 질문답변 노하우

[면접 단기완성 타임라인]

A. 지원 회사에 대한 인터넷 검색(제한시간 : 1시간 30분)

본인이 지원한 회사에 대해 알긴 알아야 할 텐데, 대체 어디서부터 조사해야 할지 막막할 것이다. 중요한 건 지금 회사가 어디에 초점을 두고 있는가를 온라인에서 빠르게 선별해 내는 것이다.

※ 검색 키워드 : 회사명 + CEO 이름
회사명 + 신년사
회사명 + 발전 방향

검색창에 위와 같은 키워드를 검색해라. 지원 회사의 홈페이지를 보고, 지원 회사에 대한 뉴스를 검색하라. 해당 기업이 어떻게 발전하고 있는지, 사업들이 어떻게 진행되고 있는지에 포커스를 맞추어서 검색하라. 지원 회사에 대한 인터넷 검색은 아무 방향성 없이 하는 것이 아니다. 제한시간 내에 방향성을 가지고 찾아야 한다. 1분 자기소개, 지원동기 작성을 위한 아이디어를 수집한다는 방향성을 가지고 1시간 30분 내에 조사를 완료하자.

만약 1시간 동안 방향성에 맞는 자료를 충분히 수집했다면 거기서 멈춰도 좋다. 그러나 1시간 30분보다 더 길게 조사한다면 전의를 상실할 수 있으므로 더 긴 시간을 사용하지 않도록 주의하자! 정해진 제한시간까지만 찾아야 한다. 특히 인터넷 특성상 자료검색을 하다보면 자꾸 다른 내용을 클릭하고, 연관 기사를 클릭하고 하다 보면 드라마나 개그 프로그램 토막 영상들을 보고 있는 자신을 발견한 적이 없는가? 주의해야 한다! 반드시 시간 내에 완수하고 넘어가자.

B. 1분 자기소개, 지원동기 작성(제한시간 : 각 30분)

인터넷 검색을 통해 방향성을 잡았다면 바로 1분 자기소개와 지원동기를 작성하자. 이것도 시간과의 싸움이다. 30분 안에 작성해야 한다. 그 이상은 스톱해야 한다. 정보를 수집하고 빠르게 정리하는 것을 통해 생각을 숙성시켜야 나중에 좋은 품질의 자기소개와 지원동기가 나올 수 있다. 완벽하지 않은 형태라도 회사의 전반적인 방향성 조사, 1분 자기소개와 지원동기의 토대를 만들어 그 바탕 위에 발전해 나가는 것이 훨씬 효율적이다. 제발 한 번에 완벽하려고 과도한 시간 투자를 하다가 포기하는 우를 범하지 말자.

C. 과거 면접패턴 조사(제한시간 : 2시간)

※ 키워드 : 회사명 + 면접 후기
회사명 + 후기
회사명 + 면접
회사명 + 면접 질문

이 단계부터는 이전에 작성했던 1분 자기소개와 지원동기는 머릿속에서 잠시 잊자. 하지만 걱정하지 마라. 본인은 잊는다고 마음먹어도 우뇌의 잠재의식이 작성했던 내용을 기억하고 있을 것이다. 이 상태에서 좌뇌를 이용하며 인터넷 검색을 통해 과거의 면접 패턴을 파악하자. 이 때는 좀 더 자세한 조사가 필요하니 제한시간은 2시간으로 두자. 제시한 키워드를 중심으로 인터넷 취업카페, 블로그 검색을 2시간 동안 진행해 보자.

과거의 면접에 대한 자료를 뽑는 이유는 당연히 당신이 하게 될 면접과 같은 질문 또는 유사한 질문이 나올 가능성이 많기 때문이다. 보통 회사에서 면접관은 대부분 이전에 했던 분들이 다시 맡는 경우가 많다. 설령 면접관이 교체된다고 해도 전원이 아닌 1~2명이 교체될 가능성이 크고, 교체된 면접관의 면접 패턴도 기존의 베테랑 면접관이 해오던 방식을 따르는 경우가 많다.

물론 면접 질문이 100% 똑같지는 않겠지만 그렇더라도 방향성은 유사하게 유지된다는 것이다. 2시간 이상을 검색해 봐도 자료를 찾을 수 없다면 지원업체와 경쟁업체, 유사업체의 면접 질문을 검색하고 이들의 질문에 대한 대답을 연습하라. 면접 관들도 기존 면접에 대한 자료가 없다면 경쟁 회사의 면접 질문을 뽑아오게 된다. 따라서 어떤 방식으로라도 과거 면접 질문은 무조건 나오는 대로 모조리 스크랩해 놓아야 한다.

D. 1분 자기소개, 지원동기 수정(제한시간 : 각 30분)

과거 면접패턴을 조사하고, 산업 분석 등을 하고 나면 앞에서 작성했던 1분 자기소개서와 지원동기에 수정할 부분이 생길 것이다. 새로운 정보가 입력되면서 떠오르는 아이디어들이 있기 마련이다. 그러면 얼른 시간을 쪼개 간단히 업그레이드를 한다. 단, 이때도 제한시간 30분을 넘기지 않도록 한다. 무제한 시간을 투자하며 늘어지는 습관은 매우 좋지 않다. 30분이 초과되면 필요한 부분을 메모하고 다음 날 다시 체크하는 방식을 취하자.

E. 과거 면접 질문 답변 작성

위에서 언급하였듯 면접 질문의 기초는 변하지 않는다. 과거 문제를 스크랩할 수 있었다면 모든 항목에 대한 답변을 반드시 작성해 보아야 한다. 회사의 면접관은 계속 면접만 담당하는 사람들이 아니다. 실무에 계속 종사하다가 면접이 있을 때 준비하기 때문에 과거 면접 질문을 미리 연구하고 올 것이다. 그러므로 반드시 준비되어 있어야 한다.

F. 기타 면접 대응력 향상

※ 키워드 : 지원 회사 + 토론 면접 주제 {토론 면접/토론}
지원 회사 + 역량 면접 주제 {역량 면접/역량}

지원 회사 + 영어 면접 주제 {영어 면접/영어}

면접에 토론이나 PT 등이 포함되어 있을 경우 토론이나 PT에 나온 문제뿐 아니라 과거 기출 질문 전체를 중심으로 연습하라. 토론이나 PT 등 특수한 형태의 면접에서도 가장 중요한 것은 인성 면접이라는 것을 잊지 말자. 지원 회사 명칭은 늘 검색 키워드로 두고 추가적인 키워드에 따라 여러 형태의 면접을 대비하자. 면접 형태가 다각화될수록 조사도 대비도 힘들겠지만 단 한 가지도 포기하지 마라. 내가 포기하고 싶은 만큼 경쟁자들도 포기하거나 적당히 타협하고 싶은 마음이 들 것이다. 이때 참고 더 한다면 경쟁에서 앞설 수 있다.

G. 모의 연습

모의 연습은 실제와 똑같은 상황으로 연습하라. 질문이나 면접 파트를 부분적으로 끊지 말고 처음부터 끝까지 연습하라. 착석부터 자기소개, 예상 질문, 마지막 퇴장까지 필기나 자료를 보지 않고 잘 안 되더라도 끝까지 연습하자.

H. 자주 실수하는 것을 체크하라

(1) 얼굴에 웃음 만들기

물론 항공승무원 같은 서비스직의 경우 치아가 보이는 환한 웃음을 만드는 것이 중요하다. 하지만 대부분의 4년제 졸업생들은 관리직에 지원하기 때문에 그렇게까지 할 필요는 없다. 하지만 적당한 미소를 짓는 정도의 웃음을 만드는 것은 매우 중요하다. 입술의 양끝을 끝으로, 일자로 올린다고 생각하고 웃는 정도면 충분하다. 무엇보다 하지 말아야 할 것은 무표정이나 찡그리는 모습을 보이는 것이다.

(2) 면접관이 호명하면 "예!" 면접관의 말씀을 들을 때는 고개를 천천히 끄덕이는 정도의 호응을 하는 것이 좋다.

(3) 시선은 3~5초에 한 번씩 혹은 한 문장에 한 번씩 변경하라.

(4) 옆 지원자가 대답할 때 면접관과 눈이 마주치면 눈을 천천히 아래로 깐 상태에서 천천히 옆 면접관으로 시선을 옮겨라. 지양해야 할 것은 뚫어져라 쳐다보는 것이다. 실전에서는 안 좋은 인상이 생길 수 있다.

(5) 목소리는 낮은 톤으로 너무 느려지거나 빨라지지 않게 조절하라.

(6) "예"라고 답할 때는 눈을 살짝 깜빡이며 아래로 까는 것이 좋다.

(7) 첫인상과 마지막은 매우 중요하다. 입장과 퇴장 콤비네이션은 언제나 자연스럽게 할 수 있도록 얼굴에서부터 발짓, 손짓, 몸의 움직임 모두 한 번에 조절할 수 있게 연습하라.

★ 이제 시작이다! 본격적으로 움직여라.

[특별 Tip]

필자의 수강생 중에 한 친구는 희한한 특별 채용을 경험했다. 이 친구가 취업 스터디란에 〈000 회사 취업 스터디를 모집합니다〉라고 공고를 냈는데 그 회사 인사 담당자에게 연락이 온 것이다. 적극적인 태도, 리더십, 추진력 등이 반영된 채용이었다. 이처럼 기회는 의외의 곳에서 오기도 한다. 이런 특별 채용도 있으니 참고해보자.

(2) 산업 분석

산업분석이라고 하면 매출 실적이나 전년대비 분기 증가율을 암기하는 친구들을 본적이 있다. 그런 접근은 곤란하다. 산업 분석은 지원자 자신의 어필 포인트를 뽑기 위한 아이디어 수집을 목적으로 하는 것이다. 이 포인트를 잊으면 안 된다. '아~ 이 산업이 이런 거구나', '작년에는 이랬구나' 이렇게 이해하는 데서 끝나면 안 된다. 반드시 산업 분석을 통해서 자신과 결부된 강점을 끌어내는 추가적인 가공 과정이 필요하다. 이걸 기억하지 않으면 시간 낭비하기 쉽다.

A. 취업용 산업 분석의 목적

산업 분석은 지원 회사의 현재 상태를 이해하고 판단해서 회사의 현재 상태를 조사한 후, 나의 면접 어필 포인트를 선정하기 위해 하는 것이다. 회사의 정보를 암기하는 것이 아니다. '나'를 중심으로 생각하라. 예를 들어, 회사가 검찰 조사를 받은 뉴스가 나온다고 해도 이러한 정보는 '나'를 드러내는 산업 분석에서 필요한 정보가 아니다.

B. 즉각 사용 가능한 핵심 정보

▶ 기업의 생명주기 관점 ◀

1. 도입기

모든 회사는 도입기와 성장기(청년), 성숙기(어른), 쇠퇴기(노년)를 거쳐 간다. 각 단계에 있는 회사의 고민거리는 서로 다르다. 도입기에 있는 회사의 목표는 회사를 성장기로 올려 매출을 높이고, 회사를 키우는 것이다. 신입 직원은 도입기 회사의 특성상 업무를 스스로 할 수 있어야 하기 때문에 열정, 아이디어, 도전, 리더십, 실행력을 전면에 내세우는 것이 매우 효과적이다. 또한 내 능력이 회사의 어떠한 분야 발전에 도움이 되는지를 구체적으로 알리는 것이 도움이 된다.

도입기 회사라고 무조건 작은 회사를 의미하는 것이 아니다. 예를 들어, 대기업이 투자를 통해 신설한 회사의 경우 도입기와 성숙기의 문화를 모두 가지고 있는 경우가 있다. 이 회사는 제품상으로는 도입기이지만 성숙기에 있는 인력이 배치된다. 그러나 성숙기 회사에서 온 인력은 기존 성숙기 회사에서의 보조 인력 없이 도입기 회사에 배치되기 때문에 이러한 어려움을 보강해줄 사원이 필요하다. 대부분의 다른 단계에서는 리더십보다 따르는 팔로워십이 중요하지만 도입기에서는 내가 이끌어가는 리더십을 부각하는 것이 합격에 훨씬 유리하다.

2. 성장기

창업 아이디어를 통해 매년 20~30%의 성장 매출을 기록하고 있는 회사를 생각해 보자. 일단 이 회사는 창업 아이디어가 성공했다는 것에 큰 자부심을 가지고 있다. 그러므로 회사의 아이디어에 대해 반박을 하거나 다른 아이디어를 내는 것은 좋은 방법이 아니다. 오히려 성장기의 아이디어가 무엇이 좋다고 적시하는 형태로 면접을 이끌어가는 것이 유리하다. 성장기 회사는 사업이 커지고 있으므로 갈수록 일이 많아진다. 그러므로 성장기 회사에는 복잡한 문제를 차분히 해결해 나가는 관리 능력을 집중적으로 어필하는 것이 유리하다.

Case 1) 저는 ○○○과 같은 복잡한 문제를 아르바이트를 통해서 ○○○게 해결해본 경험이 많습니다.

Case 2) 기존의 시스템에 없었던 것을 제가 시스템화해서 매출을 올릴 수 있었습니다.

Case 3) 업무에 대한 매뉴얼을 만들어 업무의 효율성을 높였습니다.

3. 성숙기

대부분의 대기업이 성숙기에 해당한다. 성숙기 회사는 업무 사이클이 완전히 안정되어 있고 수익도 충분히 나고 있다. 이런 회사에서 어떤 사람이 필요하겠는가? 톡톡 튀는 아이디어를 내세우는 리더십 있는 인재가 필요하겠는가, 시키는 업무에 대해 결과물을 제대로 가져오는 동글동글한 성격의 보조적인 사람이 좋겠는가? 성숙기에 있는 기업은 전자와 같은 인재보다는 후자와 같은 인재를 원한다. 리더십보다는 팔로워십을 전면에 내세우길 바란다. 지시받은 업무를 자발적으로 배우고 분석해서 빠르고 정확하게 처리하는 문제해결 능력이 있음을 어필하라. 다만 성숙기 회사라도 예외는 있다. 영업직의 경우는 도입기, 성장기, 성숙기, 쇠퇴기 모두에서 리더십을 어필해야 한다.

4. 쇠퇴기

새로운 아이디어가 필요한, 기존의 아이디어가 더 이상 시장에서 먹히지 않는 회사이다. 따라서 아이디어와 도전력을 전방에 내세우되 리더십은 피하라. 쇠퇴기에 있는 회사는 이미 도입기, 성장기, 성숙기를 거쳤기 때문에 업무 시스템은 모두 갖추어져 있다. 새 아이템이 있다면 업무분장이 바로 가능하므로 리더십보다는 겸손을 내세워라.

한 회사가 단 한 가지의 생명주기에 소속되어 있지 않을 수도 있다. 도입기이면서 성장기이고, 성장기이면서 성숙기인 측면이 있을 수 있다. 이런 경우 본인에게 유리한 한 가지 시점을 정해서 어필하기 바란다.

▶ 기업의 문화 관점 + 나의 어필 포인트 선정 ◀

1. 보수적인 회사

기업 홈페이지에 접속해 기업 소개의 CEO 인사말을 살펴보자. 그 형식이 틀에 박힌 전형적인 것이라면 보수적인 성격이라고 볼 수 있다. 검색창에 '회사명+신년사/기업문화,' '회사명 책임 가치'를 검색해 보자. 보수적인 회사에서는 '기술 외길, 신뢰, 약속, 하면 된다, 조화, 화합, 동질성, 효율성' 등의 문구를 엿볼 수 있다. 보수적인 회사의 면접에서는 당연히 개인주의적 성향보다는 조직과 규칙을 중시하는 모습을 보여주는 것이 유리하다.

2. 개혁적 회사

기업 홈페이지나 검색결과에 '품질 혁신, 적극적인 변화, 창의 중시, 새로운 사고, 여행 문화(여성이 행복한 문화), 통 문화(통하는 문화)' 등의 키워드가 있다면 이 회사는 개혁적 회사다. 물론 개혁적 회사라도 내부적으로는 보수적인 문제가 있을 수 있지만, 뉴스나 기업 홈페이지와 같이 외부적으로 보이는 모습을 중심으로 방향을 잡으면 된다. 이런 회사는 대외적으로 나아가고자 하는 방향대로 개혁적인 직원을 뽑고 싶어하기 때문이다. 개혁적 회사의 면접에서는 변화를 주도하는 성향을 보여라. 대학 시절에 어떤 경험을 통해 기존의 틀에 박힌 아이디어를 변화시키고 새로운 것을 창출한 적이 있다는 이야기를 한다면 유리할 것이다.

3. 중도적 회사

개혁적, 보수적 양쪽 어디에도 해당된다고 보기 어려운 회사는 중도적 회사에 해당한다. 검색 결과에서 '고객 만족, 자신감, 자기 개발, 전문 능력,' 등의 키워드를 볼 수 있다. 중도적 회사는 개인의 능력치를 중시하기 때문에 본인의 능력을 정확히 내세우고 역량을 어떻게 강화시켜 회사에 어떠한 도움이 될 수 있을지를 어필하면 된다.

이같이 내가 지원하는 기업의 조직원으로 나의 역할을 정의할 때 회사의 주요 문화가 보수적인지 중도적인지 개혁적인지 반드시 판단하여 그에 맞춰서 대응해야 한다!

▶ 기업의 경쟁력 관점 ◀

기업들은 아래에 제시한 경쟁력 중 하나 또는 그 이상을 가지고 있다. 아무리 도입기의 기업이라도 어느 한 가지는 해당사항이 반드시 있고, 아무리 대기업이라도 세 가지 모두 들어맞을 수는 없다. 검색창에서 '회사명 + 경쟁력,' 또는 '회사명 + 경쟁우위'를 검색하여 지원하고자 하는 기업의 경쟁력 관점을 찾아보자.

1. 제품 측면

제품 측면 경쟁력을 가진 회사는 주력 상품이 제조업/서비스업의 제품인 경우가 많고, 상품 서비스를 만들거나 기획할 수 있는 기술 · 지식을 보유하고 있는 인재를 중요시한다. 지원자가 수요를 조사하고 이에 맞는 신제품을 기획할 수 있는 능력이 있는 것을 선호한다. 대학 생활 중 유효기술의 상용화 연구(R&D와 같은)를 한 경험이 있거나, 대학 연구실에서 핵심기술을 개발할 수 있는 기초를 배운 적이 있다면 적극적으로 어필하자. 아르바이트를 하면서 자신의 상품화 전략과 기획력을 이용해 어느 정도 수익을 올렸다고 하는 것도 좋다. 전공 심화 지식을 통해 입사 후 어떤 제품을 만들고 싶다고 피력하는 것도 좋은 어필 포인트가 된다.

2. 가격 측면

B 회사가 A 회사보다 같은 제품의 원가를 10% 낮출 수 있다면 판가를 10% 낮출 수 있고 따라서 가격경쟁력이 없는 A 회사는 쇠퇴하고 B 회사가 우위를 점유하게 된다. 사안에서 B 회사가 가격 경쟁력을 가진 회사이다. 가격측면이라고 해서 반드시 보다 저렴한 가격으로 판매하는 경우만 해당하는 것은 아니다. 오히려 제품의 고급화를 통한 가격 인상으로 수익확대를 하는 것이 경쟁력이 있는 경우도 있다. 물론 이러한 경우 가격 외의 제품과 서비스에 굉장한 강점이 있어야 한다.

(1) 가격을 낮추는 방법(비용 절감)

구체적으로 어떻게 가격을 낮출 수 있을지 아이디어를 제시하자. 어떤 회사에 지원하든 원가 절감 방법 제시는 좋은 전략이다. 비용 효율적, 에너지 효율적인 방법을 사용하라. 원가 절감을 할 경우 싸게 팔아도 수익이 똑같이 생기므로 기업 경쟁력이 높아질 수밖에 없다. '○○○ 방법을 통해 원가 절감을 해서 ○○ 회사의 가격경쟁력을 높이겠습니다'와 같이 가격경쟁력을 내세우는 문장을 그대로 사용해도 좋다.

Case 1) ○○ 나라 해외 연수를 통해 어떤 원자재가 더 저렴한 것을 알게 되었다고 어필(글로벌 소싱)

Case 2) 생산 과정 중 ○○ 부분을 외부의 ○○한 자에게 위탁해 처리하는 것이 원가를 ○○ 정도로 절감할 수 있다고 어필(아웃소싱)

(2) 가격을 높이는 방법(수익성 향상)

일반 소비자가 개별적으로 구입하기 어려운 상품을 패키지화하는 대신 가격을 인상하거나, 전문화를 통해(예 : 20대 전용) 가격을 인상하는 경우를 의미한다.

3. 서비스 측면

개별 수요에 맞춘 고객 서비스에 우위성을 가지고 있는 경우이다. 서비스가 좋으면 당연히 고객이 많이 오고 가격을 조금 더 올려도 계속 고객이 온다는 원리를 기억하자.

Case 1) 24시간 즉각 대응과 같은 신속 대응을 통해 경쟁 우위성을 점유할 수 있다.

Case 2) 블로그 운영 등의 경험을 통해 웹 기반의 서비스 제공을 할 수 있다.

Case 3) ○○ 경험을 통해 어떤 잠재 시장이 있다고 어필해서 신상품 수요를 예측할 수 있다.

내가 지원하는 회사가 위의 3가지 중 어떤 것에 강점과 약점이 있는지 확인하고 약한 것은 업그레이드, 강한 것은 더 업그레이드 하는 방법으로 답변 전략을 짜보자.

▶ 기업의 제품 개발 아이디어 관점 ◀

많이 들어봤을 면접 질문 중 '우리 회사가 발전할 수 있는 아이디어를 내보라'는 질문 있다. 이 경우 추상적이고 논리정연하지 못한 답변은 좋은 이미지를 주지 못한다. 아래의 6가지 항목 중 적절한 것을 찾아 답변에 활용해 보자.

지원 기업 제품/상품 개발 최강 아이디어(BEST 6)

① 전문화

저가 제품 전문점, 고가 제품 전문점, 특정 고객군에 집중, 특정 제품에 집중하는 등 제품을 보다 전문화하는 것이다. 명품 전문점, 와이셔츠 전문점, 20대 여성 전용 화장점 등이 그 예이다.

② 패키지화

집을 리모델링하고자 하는 소비자가 셀프로 바닥과 벽지, 욕실 리모델링을 따로따로 알아보는 것은 매우 어렵다. 이렇게 복잡한 제품을 패키지화하여 편의성을 강조하는 방법이 있다. 주택 리모델링, 웨딩 서비스 패키지, 여행 패키지 등이 그 예이다.

③ 비용 대폭 인하

앞서 서술한 바와 같이 서비스를 교정하거나 아웃소싱을 통해 원가를 인하하여 가격을 내릴 수 있는 방법이다. 기내식을 제공하지 않는 대신에 가격을 인하하는 전략의 저가 항공사, 인건비를 낮추는 셀프세차/주유소 등이 그 예이다.

④ 퓨전화

둘 이상의 제품이나 서비스를 결합하여 두 분야의 수요자를 모두 잡는 방법이다. 집전화 + TV, 김치 + 파스타, 예금 + 레저 활동이 예이다.

⑤ 성장 매체 이용

최근 면접관들에게 어필할 수 있는 매우 강력한 방법은 성장 매체에 편승한 발전 전략을 내세우는 것이다. 인터넷을 이용한 해산물 판매나 스마트폰을 활용한 판매 등이 그 예이다.

⑥ 사회적 기업 모델

이는 주로 중견 대기업 면접에서 활용하길 바란다. 정부 정책에 편승하거나, 사회 환원 활동을 통해 기업가치를 높이고 언론의 관심을 유도하는 방법이다. 수질 개선 사업, 공기정화 사업, 공원 설립 등을 예로 들 수 있다. 사회적 기업 모델로 어필하기 위해서는 회사가 특정 사회 환원 활동을 통해 어떠한 이익을 얻는지 명확하게 짚어주어야 한다. 지금은 10%가 주목하는 제품에 지원자의 아이디어 실행으로 20~30%의 잠재적 고객을 이끌 수 있다는 식의 구체적 성과를 어필하라.

C. 산업 분석 종류와 활용법

끝으로 산업 분석을 하는 방법과 그 활용법을 정리하고자 한다.

(1) 뉴스

※ 검색 키워드 : 회사명 + CEO 이름, 경쟁 회사명 + CEO
회사명 + 주력 제품, 회사명 + 고민
회사명 + 신년사, 회사명 + 발전 방향

특히 신년사는 회사가 올해 나아가고자 하는 방향을 제시하며 그 해 지원자를 포함한 회사 사람들의 평가 기준이 되므로 중요하다.

※ 대언론 보도상의 발전 방향

회사가 외부에 보여주고 싶은 모습이나 목표를 파악하여 내가 그 목표에 도움이 될 수 있다는 요지의 답변을 하는 것이 포인트이다. 다만 언론에서 자체 분석으로 내놓는 비관적 정보나 구조조정, 검찰 조사, M&A 등 민감한 주제는 검색이 되더라도 활용하지 마라. 스크랩할 때에도 내가 회사 발전을 위해 무엇을 할 수 있는지에 초점을 맞추어라.

(2) 블로그

시간을 정해 검색하고 그 시간 내에 눈에 띄는 제목 위주로 스크랩하라. 내 눈에 띄는 제목은 면접관 눈에도 띈다. 일반적으로 블로그를 검색하다 보면 뉴스 스크랩 내용이 많은데, 이것보다는 제품을 사용한 경험이나 제품 서비스 후기에 중점을 두어 분석하라.

※ 개인적 불만 사항, 제품 서비스 후기

(3) 취업카페

인터넷 취업 카페를 통해 최대한 많은 정보를 수집하라. 이전 면접의 성향, 과거 사람들의 면접 평가(취준생), 과거 면접 질문과 패턴을 수집하라. 앞서 설명한 바와 같이 면접관이 일부 교체되더라도 기존의 면접관이나 면접 질문의 영향을 받기 때문에 과거 면접 질문을 통해 면접 분위기가 면접 성향을 파악하는 것이 매우 중요하다.

(4) 지원 회사 홈페이지 검색

※ 회사 소개
회사의 목표와 강조점
CEO 인사말 페이지의 CEO의 모습과 인사말 내용
주력 제품

위 4가지를 중심으로 지원 회사의 성향을 파악하자. 회사의 발전 방향, 의미를 두는 실적, 사회 활동, 주력 제품 및 서비스의 현황 등 정보도 홈페이지에서 찾을 수 있다.

(3) 경험 정리

면접을 위한 실탄 준비 세 번째 단계는 바로 경험 정리이다. 면접에 가면 질문에 대한 대답을 해야 하는데 뭔 놈의 경험을 자꾸 말하란다. 그런데 이런 경험들을 미리 생각해서 말하는 경우와 그 자리에서 떠오르는 대로 말하는 경우는 답변 수준의 편차가 심각하게 벌어진다. 다른 시사상식이나 어려운 질문은 큰 변별력이 없다. 어리버리 대답하는 사람이 대부분이기 때문이다. 그런데 이러한 경험은 준비를 한 사람과 하지 않은 사람 간의 격차가 크게 벌어진다.

여기에 대응하기 위해서는 일단 당신의 경험을 정리해 보는 것이 좋다. 세부 노하우를 알려주겠다. 다음의 표를 보라.

자소서 및 면접 대응을 위한 나의 경험 정리 자료

구분	기간	수강과목 (기억나는 과목)	아르바이트	공모전	봉사활동	동아리활동	사회활동	여행	어학연수	기억나는 친구, 그 친구와 함께했던 추억	기타 경험
1학년 1학기	~										
여름방학	~										
1학년 2학기	~										
겨울방학	~										
2학년 1학기	~										
여름방학	~										
2학년 2학기	~										
겨울방학	~										
휴학	~										
군대생활	~										
3학년 1학기	~										
여름방학	~										
3학년 2학기	~										
겨울방학	~										

휴학	~										
4학년 1학기	~										
여름방학	~										
어학연수	~										
4학년 2학기	~										
졸업	~										
졸업 이후 공백기간	~										

각각의 경험들을 머릿속에서 끄집어 내었는가? 당장 생각해 내기는 좀 힘들 것이다. 하루 정도 여유를 가지면서 천천히 생각해보면 본인이 경험했던 많은 것들을 찾아낼 수 있다. 대학 친구들에게 오랜만에 전화해서 옛날 이야기를 해보라. 우리가 뭐하는 것을 좋아했고 어떤 것이 가장 기억에 남는지 이야기해 보라.

모든 경험을 다 찾아내었는가? 이제부터 진짜 해야 할 일이 남았다.

면접에서 이런 질문을 많이 받을 것이다.

"가장 힘들었던 경험이 뭐예요?"

"인생을 살면서 성취감을 느꼈던 경험을 말해보세요."

본인의 경험과 관련한 질문이다.

앞서 말했듯이 이런 경험을 미리 생각해 보고 그에 대한 답변을 만들어 본 사람과 그렇지 않은 사람은 3배 이상 실력차가 생긴다.

그런데 면접을 준비하는 사람들에게 달랑 "가장 힘들었던 경험이 뭔가 생각해보라" 하고 물으면 시간을 많이 들여도 좋은 답변을 얻을 수 없다. 그래서 낸 아이디어가 바로 이것이다. 질문 속에 숨겨진 세부 질문을 생각하라.

한 가지 예를 들겠다.

A) 좌절했던 일은 무엇인가?

vs

B) 세상에 나 혼자뿐이라는 생각이 들 만큼 좌절했던 경험이 있는가? 누구나 한 번쯤 모든 것을 버리고 싶을 때가 있다. 그때의 경험과 그 이후 변화된 자신의 모습은 무엇인가?

어떤 질문에 대답하기 쉬운가?

후배들을 대상으로 실험해 본 결과 A라고 물었을 경우는 대답이 뜬구름 잡는 식이 많았다. 횡설수설하기도 하고, 점수를 얻을 수 없는 답변이 나왔다.

그러나 B라고 물었을 때는 완전히 달랐다. 좌절했던 경험을 쉽게 생각해 냈을 뿐만 아니라 아무리 사소한 경험이라도 이를 통해 무엇을 깨달았는지 면접 발표용으로 포장할 수 있게 된 것이다.

좌절했던 경험을 이야기하라고 하기 전에 좌절한 경험이라는 것이 어떤 것을 의미하는 것인지 설명하고 이를 통해 본인에게 어떤 변화가 있었는지 후속 주제까지 구체적으로 질문을 하니 답변이 매우 구체적이었다.

여기서 깨달은 것이 있다. 사람은 구체적으로 물어보면 구체적으로 답변한다. 즉, 질문을 통해 원하는 답변을 만들어낼 수 있다는 것이다. 그래서 나는 면접장에서 묻는 빈도수가 높은 경험 질문을 취합하여 당신에게 아래와 같이 구체적으로 물어볼 것이다. 지금 자리에 앉아서 아까 작성한 대학 기간별 경험 리스트에 적어놓은 내용들을 보면서 아래의 질문에 답변해 보라. 만약 답변하지 못하는 것이 있으면 일단은 그냥 넘어가고 내일 다시 생각해보라.

면접 질문	질문 속에 숨겨진 숨은 질문
즐거웠던 일	가장 즐거웠던 일은 무엇이었나? 어떤 것이 가장 당신을 즐겁게 했는가? 그런 경험을 통해 배운 정보를 바탕으로 회사에 입사한 후 회사 동료들에게도 즐거움을 안겨주는 사람이 될 수 있겠는가? 어떤 방식으로 즐거움을 줄 것이며 어떤 효과를 기대하는가?
자랑스러웠던 일	인생에서 가장 자랑스럽다고 생각하는 경험은 무엇인가? 그런 경험을 통해 느꼈던 성취감처럼 회사에 입사한 후 자신의 업무를 하면서 자랑스러움을 느낄 수 있겠는가? 자랑스러움을 느끼기 위해 입사후 어떻게 하겠는가?
슬펐던 일	대학 생활 동안 가장 슬펐던 일은 무엇인가? 그런 슬픔을 아직까지 마음에 담아두어서는 안된다. 슬픔을 완전히 잊었다고 가정하고 그 경험을 통해 깨달은 점을 적어보라. 당신이 그러한 깨달음을 얻은 덕분에 회사 입장에서 얻을 만한 이익은 무엇일까?
좌절했던 일	세상에 나 혼자뿐이라는 생각이 들 만큼 좌절했던 경험이 있는가? 누구나 한 번쯤 모든 것을 버리고 싶을 때가 있다. 그때의 경험과 그 이후 변화된 자신의 모습은 무엇인가?
사람들과 갈등을 겪었던 일	회사에 가면 사람관계로 많은 갈등을 겪게 될 것이다. 이런 것들을 잘 버텨내기 위해, 대인관계 향상을 위해 노력했던 일은 무엇인가? 그런 노력을 통해 배운 지식을 회사에 입사한 후 어떻게 이용할 수 있겠는가? 예를 들어보라.
글로벌 감각을 키우기 위해 노력한 일	이제 더 이상 내수시장만으로는 먹고살 수 없는 시대가 온다. 당신은 가까운 미래의 글로벌 한국에서 버텨내기 위해 어떤 종류의 글로벌 감각을 키우려 노력했는가? 외국어를 배우기 위해 어떤 노력을 했고 입사 후 어떻게 그 능력을 키워나갈 것인가?

주변 사람과 힘을 합쳐 문제를 해결한 일	회사에 오면 부서 간 협업이 이루어져야 할 일이 많다. 당신과 직접적인 관련이 없는 일에 대해서도 문제점을 찾아 의견을 제시하거나, 문제 해결을 위해 함께 노력한 경험이 있는가?
포기하지 않고 문제를 끝까지 해결한 일	직장상사가 당신에게 어려운 업무를 맡기면 일단은 적극적이고 도전적으로 문제를 해결해 보려 노력해야 한다. 주변에서 모두 포기하자고 이야기했지만 당신만큼은 끝까지 그 일을 해서 성공했던 적이 있는가? 거기서 무엇을 깨달았으며 그러한 깨달음으로 회사에 입사한 후 어떤 사람이 되겠는가?
도전적으로 문제를 해결한 일	회사에 입사하면 새로운 프로젝트와 새로운 사람들을 만나면서 계속 뭔가 가치 있는 일을 해야 한다. 살아오면서 기존의 생활 속에서 새롭게 도전한 경험이 있는가? 그런 것들이 성공했을 수도 있고 실패했을 수도 있다. 성공 또는 실패의 이유와 실패를 통해 얻었던 교훈은 무엇인가? 그 교훈이 회사에 입사한 후의 당신에게 어떤 의미가 있나?
도덕적, 윤리적으로 행동한 일	기업의 사회적 책임은 더욱더 커져간다. 이제는 기업의 영속성을 보장받기 위해 도덕적, 윤리적인 기업만이 생존할 수 있다. 당신은 개인적인 어려움과 희생을 각오하고 도덕적, 윤리적으로 행동했던 일이 있는가? 그런 경험을 바탕으로 기업이 사회적 책임을 다하는 데 어떤 도움을 줄 수 있겠는가?
조직의 경쟁력을 향상한 일	회사는 계속 변하지 않으면 경쟁에서 도태될 수밖에 없다. 대학생 활 동안 기존의 방식이나 관행을 뛰어넘어 새로운 아이디어나 방법론을 적용하여 당신이나 당신이 속한 단체의 경쟁력을 향상시킨 경험이 있는가? 그런 새로운 아이디어를 찾아내기 위해 가장 중요한 요소는 무엇이라고 생각하는가? 그 요소가 회사에 어떤 이익을 줄 수 있나?
상대를 만족시켰던 일	모든 기업 업무의 기본은 고객 만족이다. 당신은 가족이 아닌 주위 사람의 부탁이나 요구사항에 대해 적극적으로 응대함으로써 상대방을 최대로 만족시킨 경험이 있는가? 그런 경험을 바탕으로 회사에 입사했을 때 어떤 마음가짐으로 고객을 대할 것인가?

의리를 지킨 일	회사에 입사하면 내 잘못이 아닌 일로 손가락질 당할 때가 있을 것이다. 지금까지 살아오면서 내 잘못이 아닌데도 불구하고 친구나 주변 사람을 위해 끝까지 의리를 지켜본 적 있나? 그 경험을 통해 무엇을 얻었고 회사에 와서 유사한 일이 생기면 어떻게 대처할 것인가?
의견 대립을 극복한 일	자신이 속한 단체 속에서 의견 대립을 대화를 통해 좁혀나가 본 경험이 있는가? 의견 대립을 풀기 위해서는 상대의 말을 경청하고 상대의 입장을 이해하려 노력하는 것이 매우 중요하다. 그런 경험을 바탕으로 회사에서 의견 대립이 있을 때 어떻게 대처할 것인가?
리더십을 발휘한 일	아르바이트나 사회 활동 또는 동아리 행사를 준비하면서 팀원 간 의사소통이 잘 안 되었던 경험이 있는가? 의견들이 쉽게 공유되게 하고 하나의 목표를 향해 다 같이 일사불란하게 움직이게 하기 위해 노력한 경험을 적어보라.

어떤가? 답변이 구체적이고 그런 경험을 통해 나 자신이 변화한 것 또는 회사에 입사해서 어떻게 응용하겠다는 구체적인 설명을 할 수 있겠는가? 아주 좋다. 당신은 이미 경쟁자들보다 두 배 이상 앞서가고 있다.

이제 경험 질문에 대한 답변을 어느 정도 정리했을 것이나 모든 항목을 다 채워넣지는 못했을 것이다. 그럼 어떻게 해야 하나? 그냥 빈칸으로 남길 것인가?

그러면 안 된다. 여기 나온 내용은 면접장에서 가장 많은 질문을 받았던 경험 내용을 카테고라이징한 것이다. 따라서 위의 질문 내용에는 빠짐없이 답변을 만들어야 한다.

친구들 또는 선후배, 스터디 요원들과 함께 서로 질문하면서 경험을 정리하여 2~3문장으로 만들어보자.

당신의 경험을 차근차근 정리해보고 직무와 유사한 경험 리스트를 찾아보는 것은 면접 대비에 꼭 필요한 요소라는 것을 잊지 마라.

(4) 시사상식

시사상식은 어떻게 준비해야 하나? 애매한 항목이다. [현대시사상식]을 완벽히 준비한다고 생각하면 책을 10권 넘게 보며 정리해도 모자랄 것이다. 게다가 자고 일어나면 새로운 일이 더해지는 것이 시사이다. 시사(時事)라는 말은 '최근 일어난 여러 가지 사회적 사건'이라는 뜻이기 때문이다. 현대사 30년의 사회 · 경제 · 과학 뉴스를 모조리 읽고 준비하겠다는 생각은 버리자. 무조건 완벽해야 한다는 생각으로 접근하면 금방 지치고 만다. 시사상식 역시 매 순간 프로세스와 전략을 겸비해 접근해야 한다.

A. 매일매일 10~20분 투자

시사 정보를 얻을 사이트를 한 군데 정하자. 그리고 매일매일 흐름을 보는 것이 좋다. 먼저 제목 위주로 훑어보고, 전혀 모르는 용어나 소재가 등장하면 가볍게 기사를 읽어봐도 좋다. 이렇게 훑어보면 두 가지 장점이 있다. 하나는 면접에서 최근 이슈에 대한 질문이 나왔을 때 '전혀 처음 들어보는 것'과 '대략은 알고 있는 것'은 천지차이라는 것이다. 그러므로 사이트 하나를 정해서 버스 이동시간, 쉬는 시간 등에 감각 기르기를 습관화하자. 단, 절대로 모든 것을 전공과목 공부하듯이 꼼꼼하게 읽어보라는 뜻은 아니다.

B. 핵심 이슈 대비법

면접 시점을 기준으로 6개월~1년 이내 사회적 이슈가 된 사안에 대해서는 깊이 있게 준비하자. 이때 이슈 자체에 대한 지식도 중요하지만 더 중요한 것은 〈시사상식에 대해 자신만의 논리적인 답변〉을 말하는 연습을 하는 것이다.

매년 시사 키워드는 다양할 수 있다. 그중 하나를 잡아보자.

예시 : 가상화폐 논란

소재	가상화폐(암호화폐)
배경	2017년 초중반 200만 원대였던 비트코인이 그해 11월에는 1000만 원을 돌파하고 최고 2500여만 원까지도 가격이 급상승하는 일이 발생했다. 이 과정에서 20~30대 젊은 층이 큰 자산을 모으거나 잘못된 투자로 큰 손실을 겪는 등 사회적 변동이 생기면서 다양한 논란이 있었다. 2018년 2월 이후 비트코인이 최고가 대비 70% 이상 폭락하기도 했다.

(비판적 입장, 규제가 필요하다 보는 입장)	(긍정적 입장, 또는 지속 발전이 필요하다는 입장)
• 투기/광풍(狂風)/튤립버블이다. • 가상화폐는 내재가치가 부재하다. • 신생 암호화폐 중에 사기성이 많아 위험성이 높다. • 하루아침에 사라질 수 있는 화폐로서 서민경제 보호차원에서 고강도 정부 규제 필요하다. • 블록체인 기술 자체는 탈중앙화, 보안 안전성 등의 장점을 가지지만 현재 운영되는 거래소들 중에는 상당수 불공정, 불신뢰할 만한 문제가 발생하므로 제도적 장치가 필요하다.	• 가상화폐가 아니라 '암호화폐'로 불러야 한다. 기존의 디지털, 전자머니와 다르게 블록체인이라는 '암호화 기술'을 이용하고 있기 때문이다. 암호화폐는 탈중앙화와 보안능력 등 여러 장점 많다. • 암호화폐에 쓰이는 블록체인은 다보스 포럼에서 4차 산업혁명의 핵심 기술로 언급될 만큼 향후 활용가치가 높다. • 세계적 추세인데 한국만 유독 '투기'로만 인식한다. • 비트코인이 가상화폐의 전부는 아니다, 알트코인 등 대안들도 등장해 연구가 필요하다. • 국가 간 상업거래에 이점이 많다. (환율 X)

관련용어	* 김치 프리미엄 VS 역김치 프리미엄 (해외보다 한국의 가상화폐 거래 가격이 비쌈, 국내 수요에 비해 공급이 제한되어 나타난 현상, 그러나 2018년 2월 이후 해외 시세보다 국내 비트코인 가격이 떨어지는 역김치 프리미엄 발생)

이런 식으로 핵심 이슈만큼은 자세히 정리해둘 필요가 있다. 시사상식에서 자신의 생각을 이야기할 때 '찬성한다', '반대한다'라는 단순한 답변을 내면 반박의 여지가 많다. 때문에 이 경우에는 양쪽 입장을 잘 정리한 후에 가장 문제가 될 만한 지점을 세부적으로 지적하는 방식이 좋다.

Q. 최근 이슈가 된 가상화폐에 대해 자신의 생각을 말해보세요.

ex) 올해 이슈가 된 국내 가상화폐는 과도한 열풍이 문제였고, 이는 일시적 현상이라고 생각합니다. 저는 앞으로 블록체인 기술이 발전해 가상화폐가 일상화될 것으로 봤습니다. 따라서 국내에서도 블록체인 기술 분야에 집중해서 암호화폐의 장점이 활용되도록 지원해야 한다는 입장입니다.

ex) 저는 가상화폐 자체에 반대하지는 않지만, 가상화폐와 관련해 발생하는 사회문제에는 정부 규제가 반드시 필요하다고 생각합니다. 가상화폐 거래소는 보안이 취약해 해킹당할 수 있다는 점, 또 가상화폐를 잘 모르는 노년층을 상대로 투자 사기를 벌여 수천억 원을 챙기는 범죄사건 등 관련 사회문제가 많이 발생했다는 점에 주목했기 때문입니다.

[취업 스터디 활용법]

취업 스터디에서 시사상식을 함께 준비하면 편리하다. 스터디를 만들어 파트를 나누고 시사상식을 발표하면서 서로 정보를 공유하라. 다양한 시사 공부를 단시간에 할 수 있고, 팀원들 모두 발표력이 향상되는 일거양득이 가능하다.

팀원이 4명일 경우 4가지의 시사 이슈에 대해 앞에 나온 〈표〉와 같이 1. 소재 2. 이슈 배경 3. 긍정적/부정적 입장 4. 관련 용어를 정리한다. 그리고 자신의 입장을 5줄 정도 발표하는 시간을 가져보길 추천한다. 스터디가 주 1회씩이면 1달에 16개 주제, 주 2회씩이면 32개의 시사상식을 정리해둘 수 있다.

[면접까지 10일 남았다면?]

취업 스터디를 할 여력이 없고, 면접까지 10일 이하로 남았다면 하루에 1개씩만 시사상식을 정리해보자. 중요한 건 모든 이슈를 다 정리하는 것이 아니다. 어떤 사회적 이슈가 등장했을 때 "나는 어떤 관점에서 말할 것인가"에 대한 자신만의 논리(견해)를 만드는 감각을 익혀두는 것이다.

(5) 1분 자기소개 준비 노하우

위의 내용들을 정리해보자. 면접장 입장-목례-인사-착석-자세 세팅 여기까지 잘 했는가? 축하한다. 당신은 이미 경쟁자 15%는 제쳤다. 초반 입장을 위의 순서대로만 하면 면접관에게 신뢰감을 형성하고 당신도 본격적인 면접 시작 전에 긴장을 완화할 수 있다.

이제 다음 단계이자 면접에서 가장 중요한 부분을 설명하겠다.

바로 1분 자기소개이다.

1분 자기소개는 매우 중요하다. 처음 입장하고 자리에 앉자마자 하는 1분 자기소개는 지원자의 첫인상을 완전히 결정지어 버린다. 여기서 좋은 인상을 남기면 후에 면접 질문에 답할 때 약간씩 더듬거려도 충분히 커버할 수 있다. 특히 집단 면접 시 요즘처럼 지원자의 능력이 상향평준화되어 누구를 뽑아야 할지 모를 때 1분 자기소개는 합격의 70%를 좌우할 만큼 중요한 요소가 된다. 면접 질문 역시 1분 자기소개가 질문 내용의 60% 이상을 차지한다. 그런데 인터넷에 돌아다니는 1분 자기소개 멘트 예제를 살펴보면 뜬구름 잡는 식의 설명들이 많다. 일부 예제들을 보면 어이가 없는 경우도 있다. 저의 성격은 어떻고… 교수 찾아가서 밤새도록 때쓰면서 의견을 관철시킨 끈기 있는 사람이다… 귀사의 능력있는 인재가 어쩌구 저쩌구… 이런 허황된 이야기라니. 게다가 대부분 구조가 논리적이지 못하다. 일상적인 용어가 사용되지 않고 대필작가가 쓴 것 같은 문학적 요소가 가미되어 있기 때문에 말로 떠들어보면 전혀 설득력이 없다.

하지만 인터넷을 보고 이런 뜬구름 잡는 1분 자기소개를 하는 사람이 많으면 당신에게는 이득이다. 이 책을 읽는 당신은 1분 자기소개에서 그런 경쟁자들을 모조리 눌러버릴 수 있을 것이기 때문이다.

나는 수년간 여러 선후배들에게 1분 자기소개를 만들어 주면서 면접장에서 큰 효과를 발휘했던 패턴 15가지를 찾아냈다. 실제로 면접을 보러 가는 사람들에게 만들어주고 연습시켜 보고 면접 후 피드백을 받으면서 점점 더 명확하게 구체화시켰다. 각각의 패턴으로 주변 사람들에게 1분 자기소개를 만들어 준 적은 있었지만 이 패턴을 모두 공개하는 것은 이 책에서가 처음이다.

하지만 면접에서 절대적인 정답이란 없다. 이 패턴을 반드시 고수하지 않아도 좋다. 각 부분을 섞어도 좋다. 여기서 제시하는 15가지 패턴을 참고하고 응용하면 당신의 1분 자기소개는 경쟁자의 것보다 훨씬 뛰어날 것이고 합격의 가능성은 더욱 커질 것이다.

분명히 자신한다. 내가 제시하는 패턴을 응용하면 면접장에서 당신이 원래 받았어야 할 점수보다 50% 이상은 더 높은 점수를 받을 수 있을 것이다.

본격적으로 시작하기 전에 한 가지만 언급하겠다.

필자가 제시하는 1분 자기소개 대원칙 : 절대로 면접관을 생각하게 하지 마라!

지원자 "저는 친구들도 많고 알바 경험도 많고 그렇습니다~ 열심히 하겠습니당♡"

면접관 '아하~ 저 친구는 알바 경험이 많으니 우리 회사의 이번 신규 프로젝트에 적임자겠구나~ 친구들도 많다고 하니까 회사에 들어와서 조직에 잘 융화될 거야. 또 친구들 중에 프로그래밍 잘하는 사람이 한 명쯤 있겠지? 그러면 이번 신규 프로젝트 개발에 큰 도움이 되겠군. 좋았어. 저 친구로 결정했어!'

면접관은 절대 저렇게 친절하게 생각해 주지 않는다.

당신이 직접 그 신규 프로젝트에 대한 정보를 산업 분석을 통해 찾아내고 내가 어떤 경험과 장점이 있기 때문에 그것을 잘 수행할 것이라고 명확하게 짚어줘야 한다. 면접관은 형용사와 최상급 표현으로 가득 찬 속이 텅 빈 멘트에 점수를 주지 않는다는 것을 기억하라.

더욱 명확하고 구체적으로 1분 자기소개를 만들면서 면접관을 생각하게 하지 마라.

필자가 제시하는 1분 자기소개 대원칙 : 어필 포인트를 뽑아내라.

이것만 있으면 100점 만점에 80~90점은 깔고 간다.

어필 포인트가 담긴 1분 자기소개는 합격할 수 있는 가장 강력한 무기이다. 혹은 합격까지는 아니더라도 면접에서 전반적으로 나의 이야기에 귀를 기울이게 만드는 장치라고 할 수 있다. 자기소개를 해보라는 이야기는 어떻게 살아왔는지 들어보겠다는 것이 아니다. 면접 초반, 지원자가 자신의 첫인상을 결정할 기회를 주는 것이다. 어필 포인트가 있으면 80~90점은 깔고 간다는 이야기는 호감도를 말한다. 임팩트를 미리 주었기 때문에 이미 면접관들은 지원자의 말에 귀를 기울이게 된다. 긴장해서 나올 수 있는 약간의 사소한 버릇이나 버벅거림 정도는 귀엽게 봐줄 수도 있다는 의미이다. 실무의 본질을 알고 있는 지원자라는 생각을 이미 심어두었기 때문이다. 물론 자기소개만 잘하고 이후 면접은 망쳐도 된다는 이야기는 아니다. 이후 평균만 해도 나쁘지 않은 점수를 받는다는 뜻임을 명심하자.

그렇다면 어떻게 점수를 얻을 수 있을까? 그 해답은 바로 여기에 있다. 1분 자기소개는 '직무에 정교하게 맞춘 어필 포인트를 찾아내어 적용하기'만 하면 된다. 딱 3단계만 기억하라.

1. 내가 지원한 직무의 역할과 하는 일
1. 직무를 수행하는 데 필요한 능력
1. 내가 도움될 것이라고 생각하는 지점

내가 지원한 직무의 '역할'과 '하는 일'을 알아야 한다. 업무에 대해 전혀 알지 못하는 상태로 면접장에 들어가는 것은 바보 같은 일이다. 어떤 말을 해도 뜬구름 잡는 이야기가 될 것이며 결국 그 자리에 있는 사람 모두가 공감하지 못하는 이야기로 끝나게 된다. 내가 포커스를 잘 잡아주어야 듣는 사람이 편안하다.

직무의 역할과 하는 일을 잘 모르겠다면? 검색하라. 너무 잘 알 필요는 없다. 어림잡아서 이런 일을 하는구나 정도만 알고 있어도 된다. 그 회사에서 일해보지 않은 이상 모든 업무를 정확하게 아는 사람은 없다. 이것은 면접관들도 다 아는 사실이다. 따라서 '회사명+직무 명, 직무 명+하는 일, 직무 명+역할' 정도만 검색해서 나온 자료로도 충분하다. 아래는 각 팀에서 맡은 업무의 예시로, 어느 정도의 정리가 필요한지 파악해보자.

연구 개발 기획	관리 지원	생산물류	영업 마케팅
제품 서비스와 성능 향상 연구, 신사업 · 신제품 아이디어 계획	인력 개발, 총무, 재무 관리, 제품의 품질 및 협력 업체 관리	생산 라인 구축, 유지 보수, 생산 및 물류 관리	국내 및 해외 영업, 광고 및 마케팅

당연하게도 회사는 이러한 직무를 수행하는 데 필요한 '능력'이 있는 사람을 선호한다. 그 역할과 하는 일에서 필요한 '능력'이 무엇일까? 여기서 나열하는 것이 바로 어필 포인트로 직결된다. 어떤 것이든 좋다. 특히 나만의 경험이라면 더욱 좋다. 지원하려는 직종과 관련하여 아르바이트, 인턴, 지인의 도움 등을 경험했다면 더욱 좋다. 혹은 관련 지식이나 자격증도 어필이 된다. 대학 시절 열심히 공부한 것도 당연히 능력이다. 혹은 영업, 판매 활동을 생각한다면 입사 후 활용할 수 있는 인맥 네트워크 또한 큰 장점이 될 것이다.

이런 것이 전혀 없다면? 걱정 마라. 어떤 기업이라도 반드시 필요로 하는 능력 16가지가 있다.나만의 능력을 어필하는 것에 비해 점수가 덜하겠지만 경험을 바탕으로 누구나 활용할 있는 마지막 방법이다. 동아리 활동, 학회 활동, 이전 회사, 아르바이트, 인턴 경험 등을 살려 작성하면 된다. 16가지를 나열하면 다음과 같다.

① 정직, 신뢰, 성실 ② 배려 ③ 열정 ④ 도전 ⑤ 자율과 책임
⑥ 혁신 ⑦ 끊임없는 자기개발 ⑧ 고객 만족 달성을 위한 기업 성장
⑨ 장인 정신 ⑩ 현장 중심 ⑪ 공존과 네트워킹 ⑫ 선택과 집중
⑬ 변화 선도 ⑭ 예측 능력 ⑮ 적극적 문제해결 능력 ⑯ 실행력, 실천력

이 중에서 '내가 이것은 할 수 있다'라고 생각하는 강점을 뽑아서 작성하면 된다. 이때 지원하려는 회사와 팀에서 필요로 하는 능력이 무엇인지도 고려해야 한다. 해외 업무가 많은 직무라면 어학연수나 전문 자격증 등 지식적 측면이 중요할 것이다. 만약 총무팀을 지원하려고 하는데 총무팀 아르바이트 경험이 있다면 금상첨화이다. 전문 기술직종에 종사할 생각이라면 문제해결 측면을 중요하게 생각할 것이다. 제어 기술을 구현할 수 있다거나 진동 저항 회피 기술이 있다거나 아니면 매출 확대 경험이 있다면 더욱 좋다. 서비스직이라면 배려를 통해 문제 해결에 성공한 사례 등도 적절하다. 혹은 인간관계적 측면을 어필할 수도 있다. 조직 융화 기술이 뛰어나다거나 자율성이 높다거나 항상 책임을 다한다와 같은 측면도 어필이 될 것이다. 업무 마무리 측면을 고려한다면 현장 중심적 사고, 연간 업무 사이클 이해 능력과 성과 창출 능력, 꼼꼼하게 마무리하는 성격 등을 어필할 수 있다. 즉, 내가 이 회사에 도움될 만한 지점을 찾는 것이 핵심이다.

필자가 제시하는 1분 자기소개 대원칙 : 정해진 문장 구성에서 벗어나지 마라.

지금 알려주는 문장 구성은 합격률이 가장 높은 방식이다. 이러한 구성에서 벗어나 좀더 특출나게 써보겠다고 한다면 말리지는 않겠으나 합

격률을 높이는 데에 별로 도움이 되지는 않는다는 것을 알려주고 싶다. 다음 네 단계만 기억하면 구성적으로 완벽한 자기소개가 된다.

1. 안녕하십니까. 지원자 ○○○입니다. - 소개의 첫 문장
1. 포인트 한 방! - 임팩트를 지닌 둘째 문장
1. 내가 회사에 도움 되는 점 - 강점을 설명하는 내용
1. 각오 - 자신의 의지를 담은 문장

간혹 첫 문장에 임팩트를 주어야 하는 것 아닌가 생각하는 사람들이 있는데, 이것은 고도의 심리적 전략이다. 처음에는 이름을 포함한 소개 정도로 가볍게 시작하는 것이 좋다. 이와 같은 첫 문장의 가장 큰 목적은 이목을 집중시키고 내 이름을 알리는 것이다. 즉, 나를 소개하는 것이다. 앞선 지원자의 여운이 가시지 않은 상태에서 임팩트를 주어보아야 잘 들리지 않는다. 따라서 주의를 집중시키고 그 다음 문장에서 핵심 어필 포인트를 나타내는 것이 좋다. 만약 첫 문장이 강력하게 어필을 하게 된다고 하더라도 문제이다. 면접관들의 기대치가 높아진 상황에서 그 뒤 문장은 어떻게 이끌어갈 것인가. 따라서 첫 문장으로 기대심을 살짝 낮춰 주었다가 이후 포인트 한 방으로 다시 기대감을 심어주는 심리 전술이 필수적이다.

포인트 한 방은 나를 가장 잘 나타낼 만한 방법이면 된다. 예를 들어 지원 회사 산업에 고민거리가 있다면 이것도 이목을 집중시키는 데 도움이 된다. 본인의 직무와 관련된 경험도 좋다. 혹은 자신의 좌우명, 인용어구, 속담, 별명 등 각종 비유를 통해 본인을 알리기도 한다. 지원 회사가 나아갈 방향이나 지원 회사를 알게 된 경위, 지원 회사의 중점

추진 과제, 지원 직무에 본인의 시식이 노움 된다는 점을 어필하면 면접관에게 지원자가 회사를 위해 다양한 준비를 해왔다는 느낌을 줄 수 있다. 혹은 입사하기 위해 준비한 3가지 등을 어필해도 좋다. 이때는 확실하고 구체적인 것이어야 한다. 또는 최신 언론보도문을 인용하거나 지원 회사가 속한 산업의 변화 방향, 이 회사에서 펼치고 싶은 목표 등도 좋다. 때로는 센스 있는 언어유희 멘트도 좋다.

이처럼 포인트로 자신을 주목하게 만든 후에는 지원 직무 담당으로서 자신만의 강점을 말하면 된다. 이 부분은 스스로 말하는 방식으로 풀어내야 한다. 남이 써준 예시를 보고 그대로 외워 보아야 진정성도 없고 자기도 입에 익지 않아 버벅대고 실수만 하게 되기 때문이다. 두세 문장으로 강점을 깔끔하게 서술할 수 있어야 한다. 다만 마지막 각오는 8가지 패턴에 따르는 것이 좋다.

1. 이러한 (구체적) 강점을 바탕으로 (지원 사업)의 발전에 보탬이 될 것을 약속드립니다.
2. (지원 사업)의 변화의 중심에 서고 싶습니다.
3. (지원 직무) 담당자로서 (자원 사업)의 발전에 꼭 함께 하고 싶습니다.
4. 지금까지의 노력을 바탕으로 (지원 사업)의 성장에 큰 보탬을 하는 역할을 해낼 것을 약속드립니다.
5. 저의 미래를 이곳 ○○○와(과) 함께하고 싶습니다.
6. (긍정적 변화)를 만들기 위해 최선을 다하겠습니다.
7. 늘 배우는 자세로 (지원 회사)의 발전을 위해 노력할 것을 약속드립니다.
8. 아직은 많이 부족하지만 선배님들을 보조하며 단기간에 저의 역할을 해낼 수 있는 능력을 키우도록 하겠습니다.

면접용 1분 자기소개 멘트 패턴 15가지 유형

패턴 1

① 해당 산업의 고민거리
② 본인의 강점이 어떤 도움을 줄 수 있는가(근거, 강점을 증명하는 경험)
③ 강점을 바탕으로 한 포부

안녕하십니까. 지원자 ○○○입니다.
지금 우리의 은행 산업이 금융위기를 극복하고 새롭게 발전하기 위해 가장 필요한 것은 비이자 부문의 수익성 강화를 통한 Cash Cow 확보라고 생각합니다.
이를 위해 저는 소매금융을 담당하면서 고객과의 접점에서 고객의 요구에 귀 기울여 새로운 수익 아이디어를 창출하는 데 최선을 다하겠습니다. 대학교 축제 기간에 이벤트 소금 판매로 매출 300만 원 달성, 방학 때 아르바이트를 하면서 물류원가 80만 원 절감을 해내며 아이디어 마법사라는 별명을 얻을 만큼 새로운 아이디어 창출에 자신 있습니다.
저의 이러한 강점을 바탕으로 자통법 시행 등 새로운 국면으로 변화하는 은행권에서 수익성 다변화를 통한 안정적 발전에 보탬이 되는 인재가 될 것을 약속드립니다. 이상입니다.

필자가 강추하는 패턴이다.

이 패턴의 핵심은 해당 산업의 고민거리를 산업 분석을 통해 찾아내는 것에 있다. 앞서 산업 분석 파트에서도 설명했지만 인터넷 검색창에 회사명 + CEO 이름을 검색어로 넣고 조회하면 면접에 응용할 수 있는 포인트가 널려 있다. 산업 분석을 통한 고민거리 찾기는 조금만 시간을 투자하면 충분히 발견해 낼 수 있을 것이다. 문제는 그렇게 발견한 고민거리와 당신의 강점을 연결 짓는 것이다. 강점은 전공, 전문지식, 경험 등이 될 수 있다. 그 중에 하나를 이용하여 1분 자기소개를 만든다. 이 패턴은 반드시 추가 질문을 예상해야 한다. 따라서 패턴 1을 작성할 때는 예상 질문답변도 함께 만들어 보기 바란다.

패턴 2

① 직무와 관계된 경험
② 경험을 통한 깨달음
③ 지원 회사에서의 목표

안녕하십니까. 지원자 ○○○입니다.
대학교 3학년 여름방학 때 가정용 정수기 텔레마케팅 아르바이트를 한 적이 있습니다.
아웃바운딩 CRM을 처음 접해보면서 체계화된 시스템 인터페이스의 중요성에 대해 깨달았던 중요한 경험이었습니다.
이제 CRM 분야에서 기업 고객이 요구하는 키워드는 통합이라고 생각합니다. 이런 변화에 발맞추어 ○○○의 솔루션엔지니어로서 유무선 음성과 컨텐츠를 결합한 독특하고 경쟁력 있는 CRM 솔루션을 만들어 보고 싶습니다.
아직은 많이 부족하지만 늘 배우는 자세로 업무를 수행해 나가겠습니다. 이상입니다.

경험 정리를 통해 도출된 당신의 경험들 중에 직무와 관계가 있는 특별한 경험이 있는가? 그렇다면 패턴 2는 당신을 위한 것이다. 그 경험을 우선 언급하면서 면접관의 주의를 집중시키라. 아르바이트 경험은 상대의 관심을 유도하기 충분하다. 그리고 그 경험을 통해 무엇을 배웠는지 설명하라. 그 배운 점을 바탕으로 회사에서 어떤 인재가 되고 싶은지 말하며 마무리 지으면 된다.

패턴 3

① 좌우명, 인용 어구, 속담, 사자성어 등
② 이것이 의미하는 시사점 또는 이것이 지원 회사 발전에 어떤 의미가 있는가?
③ 나의 역할 및 포부

안녕하십니까. 지원자 ○○○입니다.
호시우행, 범의 눈 같은 날카로움과 위엄을 가지고 소처럼 꾸준히 실천하라는 고사성어입니다.
저는 꼭 그런 선생님이 되겠습니다. 학생 모두에 대한 열정과 사랑으로 아이들에게 필요한 모든 부분을 채울 수 있도록 꾸준히 노력하겠습니다. 이를 통해 학부모님과 학생들에게 인정받는 선생님이 되고 나아가 학교의 명예를 높이는 데 최선을 다하겠습니다. 앞으로 학생들이 살아갈 시대에는 영어가 생존을 위한 필수요소일 것입니다. 아이들이 사회생활을 할 때 저와 우리 학교를 꼭 기억할 수 있도록 열심히 노력하겠습니다. 이상입니다.

가장 일반적인 패턴이다. 많은 지원자들이 좌우명이나 인용어구 속담 등으로 시작해서 1분 자기소개를 여는데, 문제는 그 후에 연결이 안 된다는 것이다. 좌우명이나 인용어구 속담이 의미하는 시사점과 이것이 지원 회사에 어떤 의미가 있는지는 언급하지 않고, 지원자가 그런 인용

어구에 맞는 사람이라는 식으로 이야기를 이끌어 나간다. 이렇게 하면 면접관의 큰 관심을 유도할 수 없다.

위의 예제에서는 호시우행이란 것으로 좋은 선생님이 되는 것뿐만 아니라 학교의 발전에 대한 언급을 했다. 이는 매우 중요한 포인트이다. 위의 패턴으로 1분 자기소개를 만들게 하면 대부분 본인에 대한 이야기만 늘어놓는다.

예를 들어, "역지사지. 남의 입장이 되어 상대를 이해하고 생각하라는 말입니다. 저도 그런 역지사지의 마음가짐으로 열심히 회사 생활에 임하는 인재가 되겠습니다."

이런 식이다. 그냥 자신의 이야기만 한다. 면접관은 당신이 역지사지를 아는 사람이라고 해서 친절하게 그런 능력이 회사의 어떤 업무를 수행하는 데 도움이 될지 생각해 주지 않는다. 지원자는 당신 말고도 수없이 많기 때문에 구체적으로 콕 찍어서 말해주는 다른 지원자를 선택하면 그만이다.

면접관이 듣고 싶은 것은 역지사지를 통해 지원 회사의 어떤 부분에 도움을 줄 수 있는지, 당신의 능력이 회사에 어떤 이익을 주는지이다.

패턴 4

① 지원 회사가 나아갈 방향
② 나아갈 방향에 도움을 줄 수 있는 본인의 강점 제시
③ 나의 미래 포부

안녕하십니까. 지원자 ○○○입니다.
우리나라 선박 산업이 나아가야 할 방향은 'SPEED'라고 생각합니다.
지금까지 에너지가 주축이었다면 이제부터는 선박의 이동속도를 높여

빠른 물류 흐름을 가능하게 하는 Speed가 주축이 되어야 합니다.

저는 대학 생활 동안 기계공학전공 공부 이외에 유체저항형상연구회 활동을 하면서 가장 비용효율적이고 최적화된 유체 내 이동형상에 대한 정보를 습득하기 위해 노력했습니다. 이런 지식은 향후 ○○○의 고속 컨테이너선이나 고속 LPG 운반선 개발에 큰 힘이 될 것이라 확신합니다.

비용을 대폭 줄인 고속 선박의 출현은 세계 물류 시장 구도를 완전히 바꿀 것입니다. 그 변화의 중추에 서고 싶습니다. 이상입니다.

지원 회사가 나아갈 방향은 산업 분석을 통해서 찾을 수 있다. 특히 회사 홈페이지 회사소개란에 보면 좋은 자료를 찾을 수 있다. 뉴스 검색을 통해서 찾아낼 수도 있다. 지원 회사가 나아갈 방향이란 미래지향적인 의미로서 제약회사라면 '인터넷을 활용한 바이오 산업 진출'처럼 누구나 알고 있는 발전 방향보다 자신이 생각하는 특별한 발전 방향을 제시하면 좋다.

많은 지원자들이 여기서 두려움을 느낀다. "내가 생각한 발전 방향이 틀리면 어떡해요?" 걱정 말라. 괜찮다. 면접은 투자유치를 위한 자리가 아니다. 나의 잠재가능성을 보여주면서 앞으로 이 회사의 일원으로서 발전에 이바지하고 싶다는 것을 말하고자 하는 자리이다. 만약 면접관이 무슨 그런 헛소리를 하느냐고 면박 주는 회사가 있다면 나는 그 회사를 추천하지 않는다. 면접관이라면 임원급일 텐데 그런 비관적이고 강압적인 사람이 임원으로 있다는 것은 그 회사의 기업문화가 얼마나 폐쇄적인지 보여주는 것이다. 그런 회사에 들어가면 직원이 아닌 노예로서 회사 생활을 해야 한다. 또한 지금과 같이 빠르게 변화하는 시대에 그런 회사의 미래는 밝지 않다.

면박 준다고 절대 쫄지 말라. 일부러 압박성 분위기를 만들려는 것일 가능성이 높다. 기분 좋게 웃으며 대응하면 면접관은 당신에게 분명 좋은 점수를 줄 것이다.

패턴 5

① 회사명 또는 본인의 이름 3행시(3행시 각각의 항목이 포부를 나타냄)
② 나의 최종 목표

안녕하십니까. 지원자 ○○○입니다. 저는 이름 삼행시로 저를 표현하겠습니다.
홍, 홍보를 위한 웹디자인만큼은 누구보다 자신 있는 사람입니다.
길, 길지 않은 시간 동안 회사문화에 친숙해질 수 있는 유연한 사람입니다.
동, 동료들이 늘 함께 일하길 원하는 인기 있는 사람입니다.
○○○의 브랜드파워, 고객흡입력에다가 웹디자인에 대한 저의 열정과 경험을 더한다면 새로운 부가가치를 창출하는 Web-business integration을 만들 수 있다고 생각합니다. ○○○에서 꼭 함께하고 싶습니다. 이상입니다.

회사명이나 본인의 이름으로 3행시를 짓는 것은 많이 알려진 방법이다. 사실 이 방법은 큰 임팩트를 남기지는 못한다. 그러나 IT 회사, 이벤트 회사와 같이 산업 분석보다는 지원자의 톡톡 튀는 아이디어가 중요한 산업군에서는 이와 같은 패턴의 자기소개가 효과를 발휘한다.

패턴 6

① 지원 회사에 입사하기 위해 대학 시절 준비한 것 세 가지(첫째, 둘째, 셋째)
② 그러한 준비를 바탕으로 한 지원자의 포부

안녕하십니까. 자신의 일에 전문가가 되려는 사람, 하지만 주변과 친구들을 웃음으로 대하는 사람, 지원자 ○○○입니다.
저는 ○○○에 입사하기 위해 대학에 다니는 동안 3가지를 준비했습니다.
첫째, 국제통상학을 전공하면서 더욱더 자동화되어 가는 세계 물류 트렌드에 대한 최신의 정보를 익히고 습득하려 노력했습니다.
둘째, 어학연수를 하면서 더 넓은 시장과 가능성을 볼 수 있는 사람이 되도록 노력했습니다.
셋째, 입사 후 업무효율화를 이룰 수 있도록 컴퓨터 활용능력 향상을 위해 노력했습니다.
이제 저의 이런 노력과 열정을 바탕으로 이곳 ○○○에서 신입사원의 기준을 만들어 나가겠습니다. 이상입니다.

자기소개를 만들 때 절대 나열식으로 만들지 말라고 말했다. 하지만 예외는 있다. 나열할 내용들이 하나같이 나의 강점을 잘 설명해 주고 회사에 큰 이익이 될 수 있을 때는 그러한 방식도 좋다. 단 첫째, 둘째, 셋째를 반드시 언급하고, 절대 3개를 넘지 말라. 우리나라는 3이란 숫자에 익숙하다. 삼신할머니, 삼 년 고개, 삼세판 등 3이란 숫자는 한국 사람에게 안정감을 느끼게 한다. 따라서 대학 생활 동안 준비한 3개를 언급하고 각각의 항목을 어떻게 준비했는지 말하라. 그리고 마지막에 3가지 준비를 기본으로 해서 회사에 어떤 도움을 줄 것인지를 언급하라.

패턴 7

① 지원 회사 인재상의 각 항목에 맞게 어떤 준비를 했는지 설명
(=지원 회사 비전 달성에 도움이 되는 사람이 되기 위해 어떤 준비를 했는지 설명)
② 이러한 준비를 통해 지원 회사의 어떤 부분을 어떻게 발전시키는 데 도움을 줄지 설명

안녕하십니까. 지원자 ○○○입니다.
저는 ○○○의 인재상이 되기 위해 어떤 준비를 했는지 말씀드리겠습니다.
솔선수범! 대학에 다니는 동안 학술박람회 동아리 활동을 하면서 상대방이 뭔가를 먼저 해주기를 바라는 것보다 내가 조금 손해 보는 기분으로 먼저 하면 늘 예상했던 것보다 좋은 결과를 얻는다는 것을 깨달았습니다.
창의! 3학년 여름방학 때 동사무소 전산실에서 아르바이트를 한 적이 있습니다. 당시 웹 DB 구축 중이었던 전산실에서는 저렴한 가격에 DB와 Interface 연동을 관리해야 하는 문제가 있었는데, 저의 순차적 경쟁입찰 아이디어로 저렴하고 안정적으로 관리할 수 있게 되었습니다.
이런 경험을 바탕으로 모든 일에 솔선수범하고 커져가는 IPTV 시장에 창의적으로 대처할 수 있는 사람이 되겠습니다. 이상입니다.

어느 회사나 인재상이나 비전이 있다. 열정, 도전과 같은 공격적 성향의 회사가 있고 믿음, 약속과 같은 보수적 성향의 회사가 있다. 그런

인재상에 맞는 인재가 되기 위해 어떤 준비를 했는지 언급하는 것도 자기소개를 위한 좋은 패턴이다. 단, 인재상이 많을 경우 그 중에 제일 중요한 한 가지만을 다루는 것도 좋다. 3개 이하라면 모두 언급해도 좋고 한 개만 언급해도 좋다. 어떤 것이 가장 자신에게 유리한지 생각해 보기 바란다.

만약 지원 회사의 인재상보다 비전을 언급하는 것이 유리하다고 생각할 경우 비전을 달성하기 위해 어떤 도움을 줄 수 있는지 본인의 경험을 바탕으로 이야기를 풀어나가라.

이러한 정보는 홈페이지 채용란이나 회사소개란에 있다.

패턴 8

① 국내외 최신 뉴스 언급
② 뉴스가 지원 회사에 어떤 기회인지 의미 설명
③ 그런 기회를 실현하기 위한 나의 역할

안녕하십니까. 지원자 ○○○입니다.
저는 미국의 양성애법 통과 이후 폭발적으로 증가하는 아시아 게이 여행자 시장을 주목했습니다. 지금 미국의 많은 산업은 새로운 구매 세력으로 등장한 동성애자 시장 선점을 위해 큰 노력을 기울이고 있습니다. 특히 동성애자들은 아시아 여행을 많이 선호하고 있어서 이를 연계한 여행상품 개발은 우리 ○○○이 발전하는 데 새로운 기회가 될 것입니다. 이 기회를 실현하는 데 제가 함께하고 싶습니다. 입사 후 여행상품 기획을 통한 수익모델 다변화로 ○○○이 성장하는 데 큰 보탬이 되도록 노력하겠습니다. 이상입니다.

뉴스는 정보의 보고이다. 인터넷 검색으로 최신 뉴스를 얼마든지 확인해 볼 수 있다. 그런데 때로는 국내 뉴스에서 본 내용을 가지고는 면접에서 언급하기 부족한 경우가 있다.

따라서 한 가지 노하우를 알려주겠다.

"http://www.davidappleyard.com/news/"

전세계 뉴스를 영문으로 전하는 사이트이다. 여기를 참조하면 관심 국가의 최근 이슈사항을 쉽게 찾아볼 수 있다. 최신 뉴스를 검색하고 그 중 지원 회사나 산업 분야에 연관되는 것이 있다면 무조건 스크랩해 두라. 다시 말하지만 국내 뉴스 정도로는 요즘 경쟁자를 이기기 어렵다. 서두에서 언급한 내용을 기억하는가? 경쟁자보다 1%의 차이만 만들면 된다.

해외 뉴스 내용 중에 지원 회사에 도움이 될 만한 것을 응용하여 당신의 역할을 생각해보라. 경쟁력 있는 1분 자기소개가 될 것이다.

패턴 9

① 지원 회사를 알게 된 경위

② 이곳에서 일하겠다고 결심한 이유

③ 나의 전공 또는 능력을 바탕으로 이 회사의 어떤 부분에 도움을 줄 것인지 설명

안녕하십니까. 지원자 ○○○입니다.

저는 국문과를 전공하면서 출판과 관련한 업계에서 일하고 싶다는 꿈이 있었습니다. 그리고 4학년이 되어 취업을 위해 회사를 알아보던 중 ○○○에 대해 알게 되었습니다. 지금 우리나라의 출판업계는 큰 불황이라고 합니다. 하지만 ○○○에서 추진중인 e-book만큼은 전세계적으로 큰 성장세를 유지하고 있고 앞으로도 계속 발전할 것입

니다. ○○○의 새로운 기회와 가능성에 저도 힘을 보태고 싶습니다.
대학 시절 배운 국문학과 틈틈이 익힌 출판편집 및 디자인 기술은 앞으로 ○○○이 e-book시장에서 경쟁력을 갖는 데 큰 도움이 될 것입니다. 저의 미래를 이곳 ○○○에서 함께 하고 싶습니다. 이상입니다.

지원 회사를 알게 된 경위를 시작으로 해서 지원 회사에서 꼭 일하고 싶다고 생각한 이유를 설명하는 자기소개 방식을 만들기 위해서는 어떻게 지원 회사를 알게 되었는지를 선택하는 것이 중요하다. 우연한 기회에 갑작스럽게 알게 되었다고 하는 것보다 쭈욱 이쪽 산업 부문에 관심을 갖고 있다가 지원 회사를 발견하게 되었고, 이 회사가 보유하고 있는 이러저러한 강점을 알게 되고 나서 그 발전에 함께하겠다는 결심을 하게 되었다. 이런 방식으로 이야기를 풀어 나가는 것이 설득력 있다.

패턴 10

① 지원 직무에 본인(비전공자)의 지식이 어떤 도움이 될 수 있음을 밝힘
② 타사 사례
③ 지원 회사에서의 나의 가능성 및 포부

안녕하십니까 지원자 ○○○입니다.
저의 전공은 조형예술학입니다. 왜 조형예술 전공자가 마케팅 부서에 지원했는지 궁금하신 면접관님이 계실 것이라 생각합니다만, 오히려 조형예술학 전공이기 때문에 제가 마케팅 부서에 꼭 필요합니다.
최근 들어 이종산업간 협업으로 부가가치를 증가시키는 콜레보노믹스마케팅이 큰 주목을 받고 있습니다. LG의 경우 자사 제품을 예술

품으로 승화시켜 성공적으로 브랜드 이미지를 만들었고, 많은 기업들이 이를 벤치마킹하고 있습니다.
○○○회사가 갖고 있는 기술의 편리함, 정확성에 제가 배운 예술의 인간적인 면, 세련된 면을 합쳐서 ○○○의 브랜드 가치를 높이는 데 중심이 될 것을 약속드립니다. 이상입니다.

지원 회사에서 뽑는 직무의 비전공자인 경우 1분 자기소개를 만들어내는 데 전공자들에 비해 더 많은 시간을 투자해야 한다. 그냥 어떻게 되겠지 하는 생각으로 면접에 참석하면 필패할 뿐이다. 지원 직무에 본인의 전공이 어떤 식으로 어필할 수 있겠는가 생각해보라. 기본적으로 인사 담당자는 해당 직무에 대한 신입사원 채용에 해당 전공자를 우선적으로 고려한다. 당신이 인사 담당자 입장이라도 당연한 이야기일 것이다.

전공이 다른데도 불구하고 당신이 서류에 합격했다면 아마 스펙적인 요소 때문일 것이다. 친절하게 인사 담당자가 당신의 전공이 직무와 관련이 있다고 생각하거나 혹시 좋은 인재일지 모른다며 심사숙고 끝에 뽑아준 것이라고 생각하지 말라는 이야기이다. 비전공자는 특히 타사 사례 정보 수집에 집중해야 한다. 타사 사례란 전공과 관련없는 일을하면서 큰 성과를 내고 있는 사람들의 사례를 말한다. 만약 그런 타사 사례를 잘 포장한다면 비전공자도 얼마든지 최고의 회사에 합격할 수 있다. 이는 내가 공대생인데도 불구하고 금융, 서비스 등 완전히 다른 산업 분야의 면접 1분 자기소개에 자주 응용했던 패턴이다.

패턴 11

① 업계 1위의 움직임(경쟁 기업 또는 산업 전반의 움직임)
② 지원 회사의 현 상태 및 나아갈 방향
③ 나의 강점이 어떻게 도움이 될 수 있는지 설명

안녕하십니까. 지원자 ○○○입니다.

자동차 부품업계는 현재 경쟁적으로 전자부품으로 변화하는 중입니다. 더이상 생산 기술에 의존한 단순 기계부품으로는 중국의 가격 경쟁력에 상대가 되지 않을 것입니다. 그러므로 하루빨리 ○○○ 주력 제품의 전자화를 통한 고부가가치화가 이루어져야 합니다. 대학에서 전자공학을 전공하면서 전자제어 및 임베디드 프로그램에 관심을 갖고 열심히 공부했습니다. 이제 제가 배운 지식을 바탕으로 conventional 기계부품에 전자제어 기술을 입히는 데 중심에 있고 싶습니다.

수년 내에 상용화될 전기자동차에서 ○○○이 고부가가치 전자부품 회사로 더욱 발전할 수 있도록 최선을 다하겠습니다. 이상입니다.

이 패턴으로 자기소개를 작성하기 위해서는 역시 산업 분석이 필요하다. 특히 업계 1위의 움직임을 파악하기 위해서는 인터넷 뉴스 검색을 통해 1위 기업(또는 상위권 기업)을 찾아내고 그 1위 기업의 발전 방향 중 쓸 만한 것을 지원 회사에 소개하면서 내가 그런 발전에 어떤 도움을 줄 수 있는지 설명하는 것이 핵심이다. 이런 산업 분석이 포함된 자기소개는 만들기 번거롭지만 일단 완성하면 면접장에서 강력한 힘을 발휘할 것이다.

패턴 12

① 저는 xxx입니다(사물, 동물, 제품, 장소, 위인, 별명 등에 비유).
② 그렇게 말한 근거(경험이나 사례를 중심으로 설명)
③ 그런 xxx로서 회사 발전에 어떻게 이바지할 것인지 설명

저는 아스피린입니다.
대학 시절 친구들 사이에서 문제가 있거나 걱정거리가 있으면 늘 명쾌한 답변을 주었기 때문에 아스피린이란 별명을 갖고 있습니다. 그리고 아스피린처럼 숨겨진 효능이 있습니다. 대인관계를 원활하게 하는 능력이 바로 그것입니다. 아무리 어색한 자리에서 처음 만나는 사람들과 있더라도 30분만 있으면 모두와 쉽게 친해질 수 있는 저만의 비법이 있습니다.
제약 영업은 분명히 고객과의 관계가 가장 중요할 것입니다. 고객이 고민을 말하기 전에 먼저 해답을 보여주고, 고객과의 관계는 가까운 친구 이상으로 유지할 수 있게 하여 우리 회사 제품의 Market Share 확대에 크게 기여할 수 있는 인재가 되겠습니다. 아스피린 ○○○(이름)! 꼭 기억해 주십시오. 이상입니다.

'나'라는 사람에 집중시켜서 설명하는 방식이다. 이 방식이 성공하기 위해서는 첫 비유가 인상적이어야 한다. 처음 한 문장의 임팩트를 크게 해서 관심을 유발하고 그 후에 수긍할 만한 경험이나 사례를 중심으로 이야기를 풀어가면서 결국 회사에 초점을 맞춰 어떻게 회사 발전에 이바지할 것인지 말하는 것이 핵심이다. 당신은 어떤 사람인가? 보통사람이 관심을 가질 만한 좋은 별명이 있는가? 혹은 당신의 스타일이 누군가와 닮았다는 이야기를 많이 들었는가? 그럼 이 자기소개 패턴은 당신

에게 큰 힘이 되어 줄 것이다.

패턴 13

① 나의 목표
② 나의 목표가 회사의 발전에 의미가 있는 이유
③ 나의 노력과 포부

안녕하십니까. 지원자 ○○○입니다.
저에게는 ○○○에서 이루고 싶은 목표가 하나 있습니다. 바로 50% 생산원가 절감 달성입니다. ○○업계의 제품 품질이 상위평준화됨에 따라 원가 절감은 우리의 제품의 경쟁력을 좌우하는 중요한 요소가 될 것이라 생각합니다.
저는 ○○○을 전공하면서도 생산효율화, 6시그마 등의 중요성을 깨닫고 이와 관련한 정보를 수집하며 우리 ○○○에 꼭 필요한 사람이 되도록 노력했습니다.
비록 입사하자마자 50% 원가 절감 달성은 힘들겠지만, 저의 자리에서 0.1%의 원가 절감 요소부터 찾아내어 늘 배우는 자세로 ○○○의 경쟁력 향상에 큰 보탬이 되겠습니다. 이상입니다.

단순해 보이는 이 패턴을 만들기 위해서는 많은 시간과 노력을 산업분석을 하는 데 쏟아야 한다. 산업 분석을 통해 나온 회사의 중요 목표 중 하나를 집어서 나의 목표로 만들어 버리는 방식이다. 그렇게 되면 나의 목표가 회사의 발전에 큰 의미가 있는 이유를 너무도 쉽게 만들 수 있을 것이다. 특히 이 패턴은 나의 목표 한 가지를 강하게 어필하는 것이기 때문에 다소 외골수적 인상을 줄 수 있으므로 마지막 포부를 말할 때는 좀 더 낮은 자세로 배우겠다는 식으로 마무리 지으면 큰 효과를 볼 수 있다.

패턴 14

> ① 일반적 상식에 어긋나는 멘트
> ② 일반적 상식을 뛰어넘는 나의 이론과 그 근거
> ③ 이러한 콘셉트로 회사 발전에 어떤 도움을 줄 것인지 설명

안녕하십니까. 지원자 ○○○입니다.
저는 고객을 왕으로 모시지 않겠습니다.
대신 고객과 동업자 관계로 발전해 나가는 영업을 하겠습니다. 고객을 왕으로 모신다면 매출성장에 한계가 있겠지만 고객과 동업자 관계로서 함께 발전해 나간다면 영업성장뿐만 아니라 수익성 확대에도 큰 도움이 될 것입니다.
현재 B2B 재무컨설팅 분야는 포화 상태에 있습니다. 따라서 입사 후 동업자 관계로 발전해 나갈 수 있는 잠재고객 확보에 주력할 것입니다. 고객에 대한 새로운 포지셔닝으로 단기간에 ○○○의 매출과 수익성을 높이도록 최선의 노력을 다하겠습니다. 이상입니다.

대부분의 사람들이 '이것은 정답'이라고 생각하는 것보다 더 나은 것을 알고 있는가? 사실 이런 멘트는 본인 스스로 생각해서 만들기는 상당히 힘들다. 요즘 나온 책들을 참고하라. 특히 최근 나온 경제서적에서는 일반적 상식과 이론을 뛰어넘는 이론들을 앞다투어 소개하고 있다. 그런 내용 중에 지원 직무와 관계가 큰 것을 1분 자기소개에 응용하기 바란다. 여기서 핵심은 첫 문장 '일반적 상식에 어긋나는 멘트'의 임팩트

가 커야 한다는 것이다. 앞서 서류합격 부문에서도 이야기했지만 인간은 기본적인 예상에서 벗어나는 무언가에 반드시 주목하게 되어 있다. 이는 인류의 생존을 위해 필수적으로 발전되어 온 본능이다. 즉, 첫 문장에서 기본 상식의 밸런스를 깨버리면서 주목성을 높이고 뒤이어 공감할 만한 더 좋은 이론을 제시함으로써 처음에 주목했던 면접관들은 더욱 지원자의 말에 관심을 갖게 된다. 이런 방식으로 이끌어 나가면 면접관들은 기다리지 못하고 추가 질문을 하고 싶어 안달이 나있을 것이다. 그때 여유롭게 웃으며 답변하면서 합격 통지서를 주우면 된다.

패턴 15

① 현재 지원 회사의 중점 추진과제
② 과제의 중요성 공감 및 과제와 유사한 경험을 통해 얻은 깨달음
③ 과제 달성을 위한 입사 후 행동 목표

안녕하십니까. 지원자 ○○○입니다.
지금 전사적 차원에서 중점적으로 추진하는 10-10-10 전략은 우리 ○○○이 세계 메이저 항공회사로 발돋움하기 위해 가장 필요한 것을 담고 있다고 생각합니다.
대학 시절 여행사 아르바이트를 두 달 정도 하다가 그 회사가 수익성 악화로 최종 부도 처리되는 것을 보았는데, 그 이유는 결국 세 가지, 즉 수익성, 비용 절감, 생산성 향상을 제대로 관리하지 못했기 때문이라고 생각합니다. 따라서 지금 ○○○에서 시행하는 10-10-10 전략이 기업의 생존과 발전에 얼마나 큰 영향을 미치는지 누구보다 잘 알고 있습니다.
이런 경험을 바탕으로 입사 후 10-10-10 전략에서만큼은 회사의 생

존과 직결된다는 생각으로 상위실적을 만들 수 있도록 열심히 타사를 벤치마킹하여 아이디어를 수집하도록 최선을 다하겠습니다. 이상입니다.

이 패턴을 만들기 위해서는 최신 뉴스를 검색하거나 지원 회사에 근무하는 사람의 도움이 필요하다. 현재 그 회사에 다니고 있는 선배들을 찾아가거나 캠리(캠퍼스리포터) 오는 선배들을 붙잡아서 이야기를 들어볼 수 있으면 아주 좋다. 요즘 회사에서 중점적으로 추진하는 업무가 무엇인지, 전사적으로 진행되는 것은 어떤 것이 있는지, 요즘 사내에서 공유하는 주요 현안은 어떤 것이 있는지 등을 말이다. 여러 추진과제 중 본인이 가장 유사한 경험을 해봤던 것을 선택하여, 그 중요성을 잘 알고 있으며 향후 회사에 입사해서도 그런 목표를 늘 공유하고 달성할 수 있도록 노력하겠다는 말로 마무리 지으면 좋을 것이다.

피해야 할 표현

면접관의 입장에서 보자. 온종일 고만고만한 지원자들의 자기소개를 듣고 있자면 얼마나 짜증이 날지 안 봐도 뻔하다. 그런데 처음에 시키는 자기소개에 대부분의 지원자가 아래와 같이 답변한다.

1) 추상적 표현으로 꽉꽉 채운 자기소개
2) 나열식으로 장점만 열거하는 자기소개
3) 주말에도 나오고 아무튼 무조건 열심히 하겠다는 자기소개

이런 자기소개를 몇 번 듣다 보면 면접관은 속으로 빨리 끝내주기만

을 바랄 것이다. 이런 식의 자기소개를 하느니 2~3문장으로 끝내버리는 것이 더 현명할지도 모른다.

추상적인 표현을 배제하라. “최고의, 성실한, 도전적인” 등 추상적 표현은 면접관에게 아무런 임팩트를 남기지 못한다. 만약 추상적 표현을 쓸 것이라면 그에 대한 명확한 경험 사례 등을 덧붙여야 한다.

나열식으로 열거하지 말라. 벌써 이 책에서 몇 번째 강조하는 원칙이다. 나열식으로 “나 이렇게 많이 경험했어요~” 하고 열거하는 것은 하나를 정확히 집어서 왜 이런 경험이 회사에 도움이 될지 설명하는 방식보다 훨씬 뒤처진다. 절대 열거식 자기소개를 하지 말라. 꼭 해야 한다면 3개만 집어서 근거를 명확하게 제시하라.

“주말에도 일하고 회사를 위해 몸이 부서져라 열심히 하겠습니다.”라는 말에 면접관이 감동할 것이라 생각하는가? 일단 입사하면 대부분이 노동법의 적용을 받는 정직원으로 발탁될 것이다. 입사하면 마음이 바뀐다. 그런 사실을 모르는 사람은 면접장 안에서 지원자 한 명밖에 없다. 인사 담당자는 지원자의 입사하기 전 마음과 입사한 후 마음이 다르다는 것을 누구보다 잘 안다. 그런데 거기다 대고 그냥 열심히 하겠습니다 하면 면접관이 당신을 뽑을 이유가 없는 것이다. 절대 그냥 열심히 하겠습니다라고 하지 말고 당신이 잘할 수 있는 무언가를 마련하라.

1분 자기소개의 길이

1분 자기소개는 40초의 룰이다. 아무리 늦어도 55초 내로 끝나야 한다. 요즘 회사에서 자기소개를 시킬 때 시간제한을 두는(예 : 10초, 30초, 1분, 3분 등) 경우는 거의 없다. 사람을 잘 뽑기로 유명한 회사를 보면 1분 자기소개를 매우 유심히 관찰하는 경우가 많다. 1분 자기소개 준비 상태만 봐도 그 지원자를 판단할 수 있다는 것이다. 그리고 이것은 나의 경험으로 비추어 볼 때 사실이다. 그런데 일부 지원자는 면접 자기소개가 매우 중요하다고 하니 이것을 3분짜리로 만든다. 주저리주저리… 내용은 좋다. 그때 면접관의 한 마디가 날아온다. "이제 좀 마무리 지어 주세요."

그렇다. 처음에는 면접관도 내용이 좋다고 생각했을지 모르지만 그 지원자는 길이 조절에 실패했다. 이미 면접관들의 집중력은 다 흐트러졌다. 그것도 모르고 지원자는 자신의 장점과 산업 분석 내용을 주절주절 떠든 것이다.

나도 그 마음을 안다. 산업 분석을 통해 나온 기발한 생각들과 자신의 장점을 연결하고 싶어 죽을 지경일 것이다. 그러나 절제의 미학이 필요하다. 하고 싶은 말을 모두 할 수는 없다. 면접 자기소개 멘트는 40초~50초 이내에 끝나야 한다. 너무 빠른 속도도 안 되고 너무 느린 속도도 안 된다. 이 시간 안에 모든 것을 담아야 한다.

기억하라. 1분 자기소개는 40초의 룰이다.

(6) 지원동기 준비 노하우

어떤 회사에 지원하든 명확한 답변은 존재한다. 이것도 고정된 틀이 있다. 그러므로 1분 자기소개에서 하나의 어필 포인트를 더 도출하여야 한다. 지원동기를 만들어내기 위해서는 산업 분석이 선행되면 좋다. 면접 포인트 중에서 지원동기로 사용할 만한 것이 분명히 있을 것이다.

핵심 논리구조의 틀
지원 회사를 알게 된 경위 + 나의 강점 or 준비한 내용

"어떤 특정한 일로 인해 (직무/지원 회사)를 알게 되었습니다.
나의 (강점)을 통해 (어떤 면)에서 회사와 나의
발전을 이룰 수 있다는 확신이 있어 지원하였습니다."

단, 지원동기는 1분 자기소개처럼 길게 만들면 안 된다. 대략 주어진 시간은 30초 정도이다. 시간제한이 있지 않은 이상 길게 말하는 것은 별로 도움이 되지 않는다. 중언부언하는 느낌을 줄 수 있어 질문에 대한 명확한 답이 되지 않는다. 어필하고 싶은 마음에 자신의 경험, 지식, 노력을 너무 상세하게 설명하는 것도 금물이다. 어차피 이 회사에 대해, 또 이 산업 분야에 대해 지원자 입장에서는 다 알 수 없다. 너무 앞서 나가지 말고 겸손한 모습을 보이는 것이 좋다. 회사의 발전과 더불어 자신의 전문성을 키우고 싶다는 방식으로 진실성을 높이면 더욱 효과가 있다. 특별히 어필할 능력이 없다면 마음가짐이나 태도를 어필할 수 있다.

간혹 부정적인 질문을 받는 경우가 있다.

전공이 다른데 왜 지원했어?
학점이 낮은데 잘 할 수 있겠어?
우리는 자격증이 없으면 안 되는데.
관련 경험이 전혀 없는데 어떻게 지원했어?

이러한 질문에 당황하거나 화를 내거나 실망하는 등 감정을 드러내면 면접에서 좋은 점수를 얻지 못한다. 더욱이 질문에 반박하려 드는 것은 어리석은 일이다. 면접관은 냉정한 시선에서 '사실'을 기반으로 회사에 도움이 될 것이라는 확신이 드는 인력을 뽑는 중이다. 면접관의 의도는 '필요 인력인지 확인'하는 것이다. 이럴 때는 사실을 빨리 인정하고 변명하지 말자. 대신에 어떤 강점과 가능성이 있는지를 어필해야 한다. 논점을 부정적인 내용에서 긍정적인 가능성으로 바꾸는 굉장히 효과적인 방법이다.

"네.
전공이 다릅니다. / 학점이 낮습니다. / 자격증은 없습니다. / 관련 경험은 아직 없습니다.
그러나 지원 직무에 대한 저만의 (강점)이 있고 이것은 이 회사에 (이러한) 도움이 됩니다.
저 역시 이를 계기로 전문적으로 발전할 가능성이 있다고 생각했기 때문에 지원했습니다."

다음은 9가지 지원동기 패턴의 예제이다. 모두 완벽하게 이해하고 적용할 필요는 없다. 그때그때 상황에 맞게 적용 혹은 변형하여 사용하면 된다.

패턴과 예시 1 **관련학과 전공**

① 전공을 공부하면서 본인의 강점 A를 발견
② A를 활용하여 성과를 낼 수 있는 B 직무 목표
③ B를 수행하는 데 필수적인 능력 C를 키움

경영학을 전공하면서 재무회계 분야와 영업 마케팅에 강점이 있는 저만의 특징을 가장 잘 활용하여 성과를 낼 수 있는 것은 은행 영업 분야라고 생각하여 이 직무에 대한 목표를 가지게 되었습니다. 그리고 대학 시절 은행 영업 분야의 핵심이라고 할 수 있는 고객 설득과 관계 유지 능력을 키우며 XX은행원이 되겠다는 목표를 이루기 위해 지원하였습니다.

패턴과 예시 2

① 취업준비 중 지원 직무 or 지원 기업 A를 알게 됨
② 노력 B를 통해 지식과 경험을 쌓음
③ 지원 회사의 일원 C가 되어 역량을 인정받고자 함

취업에 집중하면서 탄소나노섬유 실용화에 가장 앞서있는 지원 회사를 알게 되었고 대학 시절 재료공학 전공 이외에 아웃소싱 관련 과목을 수강하면서 배운 지식과 구매지원 인턴 실무경험을 바탕으로 지원 회사의 원소재 구매 담당자로서 저의 역할을 해내며 인정받는 전문가가 되고 싶어서 지원하였습니다.

패턴과 예시 3 **프로젝트 수행 경험**

① 직무와 관계된 경험 A
② 경험을 통한 깨달음과 성과 B
③ 지원 회사에서의 목표 C

대학 시절 청각장애인을 위한 음성교재 개발 아르바이트를 하며 오디오 교재 기획 직무를 경험하였고 컴퓨터 능력 개발 코스를 기획하고 복지부에 제출하는 전 과정에 참여하는 성과를 만들었습니다. 그리고 이 경험을 통해 온라인 교육 기획에 많은 흥미를 가지게 되었고 이 분야에서 전문가로서 성장하는 꿈을 이루고자 지원하였습니다.

성과는 곧 증거가 된다. 이 사람이 일을 잘 해낼 수 있다는 가시적 결과물이다. 처음부터 끝까지 하나의 프로젝트를 이루어낸 경험은 강력한 어필 포인트가 된다.

패턴과 예시 4 **해당 제품 사용**

① 지원 회사를 알게 된 경위
② 이곳에서 일하겠다고 결심한 이유
③ 나의 전공 또는 능력 A를 바탕으로 이 회사에서 실적 B를 만들어낼 것

2년 전 지원 기업에서 만든 CMA 통장을 사용하며 알게 되었습니다. 단순히 수익률보다 파생 혜택으로 저와 같은 타깃 고객군을 정확하게 겨냥한 서비스와 마케팅에 공감했으며 저도 그러한 변화에 함께하고 싶다는 목표를 갖게 되었고 저의 강점인 커뮤니케이션 능력을 통해 영업실적 향상을 만들어낼 수 있는 영업관리부서에 지원하였습니다.

패턴과 예시 5 **지원 기업의 발전 방향**

① 지원 회사의 나아갈 방향

② 나아갈 방향에 도움을 줄 수 있는 본인의 강점 제시

③ 나의 미래 포부

지원 기업은 여객항공 분야에서 가장 큰 강점이 있는 것으로 알고 있습니다. 그러한 강점에 제가 대학 시절 키워온 서비스 브랜드화에 대한 지식과 경험이 더해진다면 분명 지원 회사의 중국 시장 확대 및 수익성 향상에 큰 도움이 될 수 있으며 저 역시도 전문가로 발전해나갈 수 있는 기회가 될 것이라 생각하여 지원하였습니다.

패턴과 예시 6 **지인 소개 혹은 학과 관련 직무**

① 지인을 통해 지원 산업 or 지원 직무 알게 됨

② 경험과 노력 B를 통해 지원 직무 수행 능력을 기름

③ 회사와 나의 미래 발전을 위해 지원

지원 기업에 입사한 선배들을 통해 2학년 때부터 기업을 알고 있었고 기계공학 전공 외에도 자동차 신기술 개발 동향을 수집하면서 자동차선행 개발 연구 담당으로서의 역할을 해나가고자 노력했습니다. 이러한 노력을 바탕으로 회사 발전에 이바지하고 저 역시 전문가로 성장하고자 합니다.

패턴과 예시 7 **학점과 스펙이 좋고 직무 관련 학과를 나온 경우**

① A 전공자로서 지원 회사는 모두가 인정하는 꿈의 직장입니다.

② 꿈을 이루기 위해 대학시절부터 노력 B를 기울여 왔습니다.

③ C를 담당하여 D 하는 데 큰 힘이 되고자 지원합니다.

'정말 와보고 싶은 회사였다'는 말을 스펙 좋은 학생이 이야기하면 면접관들은 뿌듯함을 느끼게 된다. 자기 회사에 대한 자부심이 생기기 때문이다. 단, 학점이 안 좋다면 절대 이런 방식을 써서는 안 된다. 꿈을 이루기 위해서 무엇을 했느냐는 반문을 들을 수 있다.

패턴과 예시 8 **지원 직무를 파고드는 방식**

① 지원부서 A는 회사 발전에 가장 중요한 부서이다.
② 왜냐하면 B이기 때문이다.
③ B를 위해 나는 능력 C를 준비했다.

회사 발전을 위해 가장 중요한 부서는 영업부서라고 생각합니다. 어떠한 기업도 판매 활동 없이는 결코 성장할 수 없기 때문입니다. 이를 위해 저는 방학마다 판매 아르바이트를 직접 경험해보았고 영업 세미나에 참석하며 지식과 경험을 쌓으려 노력했습니다.

패턴과 예시 9 **지방 소도시 지역 발전 회사에 지원하는 경우**

① 지역 시민으로서 지원 회사 A를 알고 있었다.
② 경험과 지식 B를 쌓아왔다.
③ C를 담당하여 회사의 발전과 지역사회 발전에 함께하고 싶다.

(7) 이직 사유/퇴직 사유

A. 이직 사유

이직 사유든 퇴직 사유든 다음 셋 중에 하나가 대부분이다. "연봉이 너무 낮아서, 근무 여건이 좋지 않아서, 상사가 싫어서." 어떤 것이든 상관없이 당신은 절대 이런 퇴직 사유를 이야기해서는 안 된다. 그 이유는 간단하다. 너무 주관적이기 때문이다. 주관적이라는 판단이 들면 해당 회사에서도 마음에 들지 않는 점이 있으면 금방 이직할 것이라는 느낌을 줄 수 있다. 만약 누구나 공감할 수 있을 만큼 상식에서 벗어난 문제를 가지고 있었다면 어느 정도는 언급해도 이해가 될 것이다. 하지만 그럼에도 되도록 언급하지 않기를 권한다. 전 회사를 욕하는 것은 내 얼굴에 먹칠을 하는 것과 같다. 이 대화의 가장 큰 목적은 '입사'이다. 이전 직장을 나오는 이유가 걸림돌이 되어서는 안 된다. 이직 사유보다는 본인의 능력을 어필하는 방향으로 논점을 바꿀 수 있다면 거의 합격이라고 할 수 있다.

이직 사유에는 여러 가지가 있을 수 있다. 개인적인 사유, 좋은 조건으로의 이동, 자아실현, 이전 회사의 내부사정으로 크게 나눌 수 있다. 그러나 무엇이든 간에 회사 입장에서 이직 사유는 껄끄럽게 느껴진다. 이직 사유에 포커스가 가지 않도록 반대 논리를 타파하는 것이 핵심이다. 공감을 끌어내는 것이 가장 중요하다. 내가 이전 회사에서 무엇을 했고 무엇을 얻었는지, 그것을 어떻게 응용할 수 있는지를 중심으로 이야기를 끌어가야 한다. 사람이 마음에 들면 이직 사유는 무엇이든 상관이 없다. 그리고 사람의 마음에 들려면 내가 이전 회사에서 무엇을 할 수 있는지 먼저 이야기할 기회를 잡아야 한다.

● **개인적 사유**

① 가족 구성원의 건강 ② 직장과 집의 거리 ③ 연속된 장기출장 ④ 연고지 없는 지역 등의 사유를 들 수 있다. 앞서 설명한 대로 매사에 불만이 많아 보이거나 적응력이 떨어진다는 인상을 주어서는 안 된다. 최종 임원 면접에서 퇴사 이유를 명확하게 설명할 수 있어야 한다. 반대논리를 타파해야 한다. 앞의 네 가지 대답에는 다음과 같은 역질문을 받을 수 있다.

– 회사를 다니면서 병간호를 할 수는 없었는가?

– 가족이 또 아프면 퇴사할 생각인가?

– 직장과의 거리를 줄이기 위해 노력한 것은 없는지?

– 단기출장에도 불만이 있는 것은 아닌가?

– 본인의 적응력이나 친화력이 떨어지는 것은 아닌가?

일단 가족의 건강 문제는 언급할 수 있어도 본인의 건강에는 문제가 없음을 어필해야 한다. 환자는 회사 입장에서 마음대로 부리기 껄끄럽기 때문이다. 가족 건강에 대한 화제 또한 너무 무겁게 가서는 안 된다. 퇴사를 해야 했던 것은 회사와의 거리가 너무 멀어서였고 지금은 완쾌되었다는 방향이 좋다. 또는 직장 근처로 가족들을 불러왔는데 가족들이 적응하지 못했다는 등 문제 상황을 해결하려고 노력했다는 것을 어필해야 한다. 공감대를 형성할 수 있기 때문이다. 출장도 마찬가지이다. 2개월 이상의 장기출장을 여러 번 해왔고 앞으로도 내정되어 있어 안정적인 생활을 원했다는 방향으로 가야 한다. 조직에 융화를 못하는 사람이라는 느낌을 주어서도 안 된다. 본래 활동적인 성격임에도 연고지를 벗어나니 쓸쓸함을 느꼈다거나 행복을 위해서는 연고지에 있어야 한다는 것을 알았다는 등 공감을 불러내야 한다.

● **좋은 조건으로의 이동**

① 계약직에서 무기계약, 인턴에서 계약직, 계약직에서 정규직으로 채용 ② 연봉 상승 ③ 주 6일 근무제에서 주 5일 근무제로 이동 ④ 경쟁력 있는 산업군으로 이동 등이 이에 해당한다. 이직 사유로 가장 모범적인 답변 방향은 '기존 회사에서 이룰 수 없는 것을 이번 회사에서 이룰 수 있기 때문' 또는 '기존 회사보다 발전 가능성이 높기 때문'이라고 이야기하는 것이다. 만약 기존 회사에 계속 있었으면 절대 이룰 수 없었던 것을 이번 회사로 오게 됨에 따라 이룰 수 있다고 말할 만한 것이 있는지 생각해 보라. 그러나 단기 근무를 많이 한 사례는 사실 임원진 눈에 예쁘게 보이지 않는다. 조금만 좋은 조건이 눈에 들어오면 바로 이직한다는 느낌을 주어서는 안 된다. 이전 회사가 상식적으로 월급, 복지, 업무강도에 문제가 있었다고 알려주어야 한다. 상식적으로 공감할 수 있는 어려움이 있었던 것으로 설정해야 한다. 휴일이 적다거나 연봉이 너무 과하게 적다는 식이다. 단, 주의할 것은 기존 회사를 비난해서는 안 되며, 공감 가능한 가시적인 수치가 필요하다.

- 왜 해당 회사에서 채용되지 않았는가?
- 지원자가 능력이 없는 사람인 것은 아닌가?
- 더 높은 연봉을 제시하면 다른 곳으로 옮기지 않을까?
- 추가근무에 불만이 있는 것은 아닌가?
- 기존 직장이 경쟁력 없는 것이 확실한가?

이와 같은 역질문을 받을 수 있는 상황은 애초에 원천봉쇄를 해야 한다. 추가채용 계획이 없는 회사였다는 대답은 지원자가 해당 회사에서 더 일하지 않는 이유를 충분히 설명한다. 연봉을 근거로 들 경우 20% 이상 차이가 나야 한다. 직장 생활을 하는 사람이라면 대부분 자기 월급이 능력에 비해 적다고 생각하기 때문에 공감을 끌어올 수 있다. 또한 이직하려는 회사가 주 5일제라고 해도 주말 출근이 있을 수 있다. 따라서 한 달에 개인 휴일이 하루 정도일 만큼 시간이 없었음을 어필해야 한다. 일이 많으면 주말에라도 나와서 일하는 것이 맞다며 상식적인 이야기를 어필하는 것도 좋다. 기존 직장 대신 경쟁력 있는 회사를 선택했다는 이유는 해당 회사 역시 긴장하게 한다. 이때 기존 직장의 경쟁력 없는 점을 논리적으로 언급해주어야 한다.

● 자아실현

① 전문 실무를 담당하고 싶어서 ② 뒤늦게 자신의 강점을 알게 되어서 등의 이유로 이직을 원할 수도 있다. 이러한 이유는 생각하는 업무가 아니면 다른 곳으로 옮길 것인가, 해당 직무에 대한 경험은 있는가, 내부직무순환은 고려하지 않았는가에 대한 역질문을 받을 수 있다. 이미 회사에 요청을 해보았으나 T/O가 없었다는 등 외부적인 요인을 어필하면 좋다. 직무 관련 유사 경험을 언급하는 것도 도움이 된다.

● 이전 회사의 내부사정

① 회사 경영악화로 인한 폐업 ② 아웃소싱으로 타 직무를 요구 ③ 입사 전 약속한 것과 다른 직무 요구 또한 이직 사유로 언급할 수 있다. 생각보다 이런 상황을 겪는 사람들이 많다. 이때 입사하려는 회사에서는 권고퇴직인가 퇴출인가에 대한 궁금증이 생길 수 있다. 요즘처럼 경

기악화가 진행될 때는 많은 회사들이 문을 닫는다. 따라서 회사 사정 악화로 본인이 있던 팀 전체를 해고하였기 때문에 어쩔 수 없었다와 같이 다니던 회사의 문제로 인해 본인의 의사와 관계없이 반드시 나갈 수밖에 없었던 상황을 이야기를 하라. 상식적인 회사라면 ②와 ③에 대해 특별한 이견은 없을 것이다.

만약 당신이 입사한 지 1년 이내였던 경우 두 가지 대응 방법이 있다.

첫째로 경력을 지워버리는 것이다. 당신이 1년 이내 그만둔 회사가 지금의 회사보다 좋지 않거나 직무상 너무 상이한 경우 경력을 지우고 신입으로 지원하라. 공백 기간에 취업준비를 했다고 하라. 둘째로 경력을 더욱 강력하게 어필해서 질문을 유도하는 방법이다. 두 번째 방법이 잘 통하기 위해서는 이전 회사가 지금 지원하는 회사보다 좋은 경우이거나 모두가 인정하는 좋은 회사였을 경우이다. 그런 회사를 경력사항에 적어 넣는다면 아마 면접관으로부터 이직 사유에 대한 질문을 반드시 받게 될 것이다. 이때 지금 지원하는 회사가 바로 자신이 하고 싶었던 일이었다는 것을 진실되게 표현해야 한다. 부록을 갖고 연습하라.

만약 당신이 퇴직 이후 상당기간 공백 기간이 있다면 이전 회사에서 일하면서 자신의 무언가 부족한 점을 발견하고 그것을 키우려고 노력했다고 하라. 단, 이 방법은 자격증이나 지식 보충의 성과가 만족할 만한 수준일 때 쓸 수 있다. 업무와 상관 없는 토익점수 올리기 등은 절대 안 된다. 오로지 실무에 관련된 이야기를 해야 한다.

B. 경력직 자기소개

면접관이 궁금한 것은 이전 회사의 이야기 그리고 우리 회사에서 필요한 사람인지 여부 이렇게 두 가지이다. 따라서 ① 이전 회사에서 맡은 업무② 배운 점 ③ 지원 회사에서의 활용 방안 순으로 언급하면 된다. 1단계에서는 구체적인 기간, 업무 등을 소개한다. 여러 개라면 퇴사 전 가장 강렬한 것 혹은 지원 직무에 가장 유사한 직무 중심으로 생각해야 한다. 2단계는 내가 낸 실적이다. 혹은 기발한 아이디어나 배운 점을 어필하는 것도 좋다. 3단계는 지원 회사에서 활용하는 방법이다. 배운 점과 아이디어를 바탕으로 적용하며 일할 것이라 포부를 이야기하면 완벽한 경력 이직자용 자기소개가 된다.

C. 연봉협상

연봉을 말할 때 단순히 액수를 제시하면 인사 담당자 입장에서는 아깝다는 생각을 하고 지원자 입장에서는 부족하다는 생각을 한다. 연봉협상을 위해서는 이야기를 논리적이고 구체적으로 풀어가야 한다. 연봉협상을 위해서는 당신이 이전 회사에서 얼마만큼의 실적을 올렸는지 명확하게 계산해 봐야 한다.

사실 연봉 이야기가 나올 정도면 이미 좋은 인상을 심어주었다는 뜻이다. 여기서 가장 좋은 반응을 얻으려면 주는 사람 입장을 배려하면서 내가 받을 수 있는 최대를 끌어내야 한다. 우선 해당 회사 연봉 관련 정보를 습득하는 것이 먼저이다. 회사 연봉 정보를 알았다면 거기서 5%를 덧붙여 말하라. 연봉 정보를 모른다면 업계 수준의 10%, 이전 회사의 10% 정도를 높여 부르면 된다. 보통은 얼마를 부르든 내규에 따를 것이다. 그러나 지원자가 어떻게 말하는지 보려고 물어보는 것이다. 구직자가 마음에 들었다면 5% 정도는 재량껏 그에 더하여 주기도 한다. 따라서 내 입장의 기대를 말하고 내규가 있으면 그것을 따르겠다는 방식으로 말하는 것이 좋다. 입사 후 실적으로 연봉 높이기 위해 노력하겠다고 한다면 오너 입장에서는 상당히 예쁘게 보일 것이다.

Plus Point

면접 답변에서 두 마리 토끼를 좇지 마라!

면접에서 질문에 대한 답변을 할 때는 두 가지 이상을 주장하지 말고 한 가지에 집중하라.

예를 들면 "저는 인간관계가 좋습니다. 그리고 전자회사, 자동차회사, 유통회사에서 인턴 경험도 여러 번 했습니다."라고 하는 것보다 "저는 인간관계가 좋습니다. 특히 해외 봉사 활동을 하면서는 처음 보는 자리에서 다국적 친구들을 많이 만들기도 했습니다."와 같이 한 가지 목적에 집중해서 의견 발표를 하는 것이 좋다. 두 가지 이상의 나열식 답변은 두 가지 모두 놓치기 쉽다는 것을 명심하라.

특히 지원동기, 장단점, 입사 후 목표 등의 경우 아래 네 가지 요소 중에 한 가지를 집중적으로 부각하는 것이 좋다. 이 네 가지 요소는 회사에서 업무를 수행하면서 반드시 갖고 있어야 할 주요 인자를 정리한 것이다.

첫째 지식(전공지식, 비전공지식, 경험지식 등)

내가 배운 지식이 전문화된 것이라면 그것을 포인트로 잡아서 면접 답변을 만들어 내는 것이 좋다. 그러나 누구나 알고 있는 평범한 지식이나 경험은 피하기 바란다.

둘째 문제해결 능력(멀티태스킹, 업무처리 능력 등)

당신이 학과 프로젝트를 수행했거나 아르바이트나 인턴을 하면서 처음 보는 업무나 문제점을 잘 해결했던 경험이 있다면 이를 집중적으로 부각하라. 문제해결 능력은 요즘 회사에서 가장 필요로 하는 능력 중에 하나이다.

셋째 인간관계(인성, 팀워크, 조직문화적응력 등)

국내 기업의 경우 지원자의 인성을 중심으로 평가하는 경우가 많다. 본인의 인간관계나 조직생활 경험을 예로 들면서 조직인으로서의 강점을 어필하면 좋다.

넷째 업무 마무리 능력(업무 사이클 이해, 미래예측대응력 등)

이는 신입보다 경력직의 경우 유사한 업무 사이클을 경험해 봤으므로 업무숙달과 업무대응력이 뛰어남을 강조하는 방법이다. 기업의 업무는 매년 유사하게 돌아간다. 신입의 경우에도 알바나 인턴 경험을 통해 업무 사이클을 경험해 봤다면 이를 집중적으로 부각하면서 경쟁자와 차별화할 수 있다.

(8) 중요 질문 Flash Answering

면접에서 질문은 크게 네 가지로 나눌 수 있다.

A. 중요 질문 B. 전공 및 산업 관련 질문 C. 인성 질문 D. 기타 질문

답변시간은 길지 않아야 한다. 1분 자기소개는 40~50초, 기타 중요 질문답변은 30~40초 내외여야 한다. 나머지 질문 또한 모두 2~3문장 내외로 끝내야 하는데, 짧은 시간 안에 본인을 어필하기 위해서는 두괄식이 좋다. 핵심 답변을 우선 던지고 간략히 설명한다. 면접관은 수많은, 똑같은 답변을 듣느라 지루한 상태이며 짜증이 나있다. 설명이 길어지면 관심은 떨어진다. 다른 대답을 하며 말을 뱅뱅 돌리면 점수도 깎인다.

A. 중요 질문

★ 자기소개와 지원동기

앞서 자세하게 설명되어 있다. 둘의 사이는 첫 문장이다. 자기소개는 이름을 포함한 나의 소개이며 지원동기는 회사를 어떻게 알게 되었는가에 해당한다. 당락을 좌우하는 중요 질문으로 비언어적 요소와 함께 사용하면 더욱 임팩트 있다.

★ 강점, 노력, 직무 선택 이유

모든 대답의 핵심은 두괄식으로 첫 문장에 포인트를 주어라. 또한 간결해야 한다. 강점을 물으면 직무 경험, 인간관계 멀티태스킹, 지식 등 첫머리에서 딱 뱉어야 한다. 노력도 마찬가지이다. 고객 확보, 영업 및

판매 능력, 전문지식, 유사 실무경험 등 확실하게 명칭해야 한다. 그 이후 경험에 근거하여 설명하면 된다. 문제의 포인트를 보고 바로 대답하는 연습이 되어야 한다. 떨려서 못하겠다, 안 될 것 같다고 말한 분들도 20~30분만 연습하면 신기하게도 해낸다. 본인의 뇌는 자신이 상상한 것 이상의 능력을 가지고 있다.

★ 입사 후 목표

이것은 다른 질문과는 대처 방법이 다르다. 다만 기본 원리는 같다. 질문의 핵심을 파악하고 대답하는 것이다. 만약 '10년 후 무엇이 될 것인가?'라고 물었다면 '무엇'을 먼저 말하고 플랜을 꺼내면 된다. '입사 후 목표'를 물었다면 구체적이고 공감이 가는 이야기를 순차적으로 언급하면 된다. 구체적이려면 단기적, 중장기적 목표를 잡아야 한다. 지원 직무 전문가, 트렌드 주도 전문가, 지원 회사의 제품 혹은 서비스 방향의 전문가가 되고 싶다고 언급한다면 면접장에서 스포트라이트를 받을 수 있다.

B. 전공 및 산업 관련 질문

만약 전공이 다른데 지원했다면 그에 대한 의아함을 가질 수 있다. 이럴 때는 정면돌파가 답이다. 지원 직무와 전공은 어떤 요소라도 연결할 수 있다. 만약 기계과 전공으로 의류디자인 직무에 지원했더라도 얼마든지 가능하다. '공학적인 부분을 의류디자인에 적용하면 편안하고 미적인 디자인을 만들 수 있기 때문입니다.' 이와 같은 답변은 전공자의 것보다 훨씬 신선하게 느껴질 것이다.

해당 직무와 관련된 전공자라면 '전공과목 중에 인상 깊었던 것'을 물을 수 있다. 여기서 직무수행에 도움 되는 과목을 언급하자. 또는 '전공 선택의 이유'를 물을 수 있다. 이 또한 가볍게 해결할 수 있다. 학과 전공자가 가질 수 있는 꿈을 말하라. 전공과 지원 직무가 다르다면 유사 직무 경험을 언급한 후 부족함을 채우기 위해 기울인 노력을 말하면 된다. '우리 회사를 어떻게 알게 되었는지' 궁금해한다면? 어렵지 않은 질문이다. 꿈의 직장이라서, 전공을 살릴 수 있어서, 전공 분야의 어떠한 강점을 가진 회사라서, 교수님이나 선배 등 지인으로부터 자주 들어와서 등 얼마든지 답변이 가능하다. '지원 기업 산업을 어떻게 생각하느냐'는 질문은 장단점을 말해보라는 것이다. 여기서 대부분 발전가능성이 크다며 장점 중심으로 칭찬하기 바쁘다. 하지만 의외로 단점, 약점, 위기를 말하는 것이 좋다. 여기에 내가 어떠한 도움을 줄 수 있다고 강조하면 주목을 받을 수 있다.

C. 인성 질문

① 성격의 장단점 ② 성장 과정 ③ 타인이 보는 나의 모습 ④ 좌우명이나 생활신조 등이다. 이때 직무와 연결하지 말고 인성에 포커스를 맞춰라. 직무는 다른 질문으로도 충분히 알아볼 수 있다. 인성 질문은 지원자가 어떤 사람인가 파악하려는 것이다.

성격의 장점도 근거가 있어야 한다. 친구 관계 문제해결 능력, 학교에서 부여 받은 과제 해결, 아르바이트 문제해결, 동아리, 학회, 취미, 어학연수, 행사, 세미나 기획, 자기관리, 자격증 취득, 시험 결과를 위한 문제해결 사례, 군대 일화도 좋다. 근거 경험을 뽑아 진실성을 높이자. 단점은 두 가지 접근 방법이 있다. 단점과 단점 속 장점, 단점과 단점 개선 노력이다. 모든 성격에는 장단점이 있다. 무엇이든 의심하는 성격이지만 그만큼 빈틈이 없는 성격이라고 했을 때 직무에 따라서는 호감으로 느껴질 수 있다. 역으로 뒤집을 수 있는 점이 없다면 성격적 단점은 반드시 개선 노력을 언급하라. 진실성을 높일 수 있다.

성장 과정은 부모님의 직업, 형제의 특징, 고향의 특징, 친구를 통한 영향을 말하고 회사 생활에 중요한 인성을 기를 수 있는 부분이다. 누차 강조하지만 능력보다는 인성에 초점을 두어야 한다. 타인이 보는 나의 모습은 자주 듣는 말을 이야기하라. 단, 풀어서 표현하라. '정직'보다는 '숨기지 않는다는 말을 많이 듣는다', '신뢰'보다는 '무엇이든 맡기기 믿음직하다'와 같이 하나하나 풀어서 이야기하여야 한다. 좌우명이나 생활신조 하나는 꼭 만들어두어야 한다. 지원자의 사고를 판단하는 기준이 된다. 그 뜻도 간단히 발표해주자.

D. 인성 질문 : 대학생활 중의 사회 활동

굉장히 중요한 질문이다. 실질적으로 우리 회사에 와서 어떤 모습을 보여줄 것인가의 답이 된다. 아르바이트, 인턴, 지인 도움 등을 통해 아래 다섯 가지를 얻었다고 말해야 한다.

① 직무 관련 지식 ② 문제해결 능력 ③ 조직 생활 관련 경험

④ 나에게 있어서 직업의 의미 ⑤ 돈을 버는 것에 대한 마음가짐

지원 직무와 관련된 아르바이트 경험이 있다면? 새로 알게 된 점을 어필하자. 업무 사이클의 이해, 캐드/워드/PPT의 중요성, 잠재고객 확보의 중요성과 같이 앞으로 직무를 맡으면 활용해 나갈 점을 가지고 어필하자. 부족한 점까지 이야기한다면 직무 이해도가 높아 보인다. 만약 직무와 관련 없는 경험뿐이라면? 괜찮다. 조직 사회를 경험하면서 얻을 수 있는 다양한 능력이 있다. 문제해결 능력과 인간관계, 효율적인 업무

방안, 문제 개선 아이디어, 협동의 중요성 등이 그것이다.

인턴은 이득되는 경우만 적극 어필하고 아닌 경우는 어필하면 안 된다. ① 어떨 때 어필하는 것이 좋을까? 지원 회사 인턴 활동은 당연히 어필해야 한다. 비슷한 수준의 다른 회사도 괜찮다. 실무적 내용을 적고 부족한 실력을 보강하는 노력을 했다는 방식이 좋다. 동일 산업군 내의 하위권 인턴 경험은 매우 좋다. 관련 산업 지식과 실무경험을 업계에 피력할 수 있기 때문이다. 타 산업군에서의 인턴 활동도 나쁘지 않다. 실제 회사를 다녀보면 대학생활에서 겪을 수 없는 문화나 업무 처리방식이 있는데 그것을 응용할 수 있다. ② 어필해서는 안 되는 경우도 있다. 동일산업군 내의 상위회사 인턴 활동이다. 능력이 출중하니 기회되면 퇴사할 것으로 생각할 수 있다. 그냥 지우는 게 낫다. 또는 치열한 경쟁 관계 회사도 안 된다. 언급하는 것만으로도 호감도가 떨어진다. 괜히 점수를 깎일 이유는 없기 때문이다.

지인 도움 경험 또한 어필 가능하다. 교수, 학과 선배 등을 도우면서 지식 측면은 물론 분석 능력, 문서화 능력을 키울 수 있다. 고급 실무지식이나 인맥 형성과도 관련하여 답변할 수 있다.

E. 기타 질문

– 당신이 면접관이라면 무엇을 물어볼 것인가?

당연히 내가 준비했던 내용 중 하나를 어필하는 것이 유리하다. 질문의 이유도 한 문장 정도 간단하게 말해주면 좋다.

– 불합격하면 어떻게 할 것인가?

두 가지 방법이 있다. 실패 원인을 분석해서 다시 도전하겠다 혹은 관련 분야에서 실무경험을 쌓고 다시 도전하겠다고 대답하는 것이다. 어느 쪽이든 상관은 없지만 마지막 문장이 중요하다. '이번에 꼭 합격해서 그 역할을 해내고 싶습니다.' 이 말을 해야 그 지원자를 한번 더 돌아보게 된다.

– 다른 곳에 합격했나요?

진행 중인 곳이 있다면 말하는 것이 유리하다. 그러나 경쟁업체는 금물. 굳이 질문이 나오면 그때 말하자. 그러나 입사하고 싶은 곳은 여기라는 어필이 좋다. 사실 이를 캐묻는 면접관은 거의 없는데 만약에 겪게 된다면 '다른 곳에 지원하지 않는 것은 리스크가 큰 행동이기 때문에 여러 가능성을 열어두고자 했다'는 식으로 공감을 얻어내면 된다.

– 우리나라에 나무는 몇 개가 있다고 생각하십니까?

황당하겠지만 이것은 '페르미 추정'으로 질문자도 그냥 내던져보는 것이다. 답변의 정확성이 아닌 논리적으로 풀어가는 과정을 보고 싶은 것이니 이와 관련해서 내가 알고 있는 정보를 찾고, 단순화시켜서 숫자를 나오게 만들면 스마트하게 보인다.

– 상사의 불합리한 지시에 어떻게 대처할 것인가?

내가 상사라면 어떤 답변을 듣고 싶을 것인가 생각해보자. 지시 사항에 대해 최선을 다해 이행할 것을 말해주어야 한다. 사원은 팀의 성과를 내는 것이 회사 내 존재 이유이다. 그러므로 일단 말을 따르고 개인적 지시는 술자리에서라도 풀고자 하겠다고 말하면 대인관계 능력이 좋은 사람으로 비칠 것이다.

– 마지막으로 하고 싶은 말은 없나요?

이미 그 동안의 면접에서 고정관념은 정해졌다. 중요하게 어필할 요소가 없다면 굳이 손들지 마라. 만약 한 명씩 물어본다면 그때 대답하거나 1:1 면접이라면 사용할 수 있는 대답을 소개하겠다. 하나는 질문 방식으로 도리어 질문하며, 회사에 대한 열의를 보이는 것이다. 예를 들어 (지원 직무) 담당자에게 3년 이내 어떤 성과를 원하는가 등이 있다. 혹은 임팩트 방식도 있다. 지점의 개수나 손님이 많이 오는 시간대 등 사소한 숫자를 언급하며 그런 부분까지 보조할 수 있는 사람임을 어필하는 방식이다.

(9) 기출 질문 재해석

질문은 면접관의 성향에 따라 다양하게 변형되어 나올 수 있다. 지원자는 질문의 의도를 파악하고 원하는 해답을 바로 내놓을 수 있어야 한다. 여러 가지 변형문제를 통해 무엇을 요구하는 질문인지 파악해보자.

A. 중요 질문

① 자기소개

– 간단히 자기소개를 해보십시오.

– 짧게 자기소개 부탁드립니다.

단도직입적이면서도 기본적인 질문이지만 오해하면 안 된다. 인터뷰하는 사람은 당신이 얼마나 이 직업에 어울리는지를 묻는 것이다. 호구조사가 아니라는 점이 포인트이다. 이 책에서 제시했던 패턴 15가지를 활용해서 이 질문에 대응할 수 있게 준비하기 바란다.

② 지원동기

– 우리 회사에 대해서 얼마나 알고 있나요?

– 우리 회사에 지원한 이유가 무엇입니까?

– 우리 회사는 어떻게 알게 되었습니까?

– 우리 회사에 대해서 아는 대로 이야기해 보십시오.

– 성적이 다소 좋지 않은데 전공이 마음에 안 드셨나 봐요?

– 관련 경험이 없는데 무슨 생각으로 지원한 거예요?

– 우리는 자격증이 없으면 안 되는데.

– 여기 말고 다른 회사 지원한 데 없어요?

회사를 알게 된 경위와 내가 이 회사의 어떤 면에 도움이 될 수 있는지 어필해야 한다. 답변이 명확하지 않고 애매하면 취업 의욕을 의심받을 수밖에 없다. 너무 앞서가지 않되 적당한 선에서 필요 인력임을 어필하자. 가끔 부정적인 어투의 질문을 받을 수도 있지만 그 경우도 마찬가지이다. 부족한 점도 있지만 그것을 뛰어넘는 다른 강점이 있음을 알려야 한다. 이 책에서 제시한 지원동기 패턴을 참고하여 준비하기 바란다.

③ 강점, 노력, 직무 선택 이유

– 본인만이 갖고 있는 경쟁력이 있다면 이야기해보십시오.
– 우리 회사에 들어오기 위해 어떤 노력을 했나요?
– 우리 회사가 당신을 반드시 채용해야만 하는 이유에 대해서 이야기해보십시오.
– 이 직무에 지원하게 된 이유가 무엇입니까?

당신을 제대로 팔아보라는 뜻이다. 주장을 뒷받침할 구체적인 예를 제시하는 게 중요하다. 회사를 위해 어떻게 기여할 수 있는지 입증할 수 있는 경력 같은 것을 생각해보라. 면접관이 듣고 싶어 하는 것은 앞으로 보여줄 도전이나 가능성에 대해 형용사로 가득찬 말이 아니다. 거짓말이나 과장은 금물, 정직하게 말하라. 인터뷰하는 사람이 못 믿겠다고 판단하면 그것보다 더 나쁜 것은 없다.

④ 입사 후 목표

- 만약 입사하게 된다면 10년 후 당신의 모습이 어떤 모습일지 이야기해보십시오.
- 우리 회사에 바라는 점이 있다면 무엇입니까?
- 우리 회사에 취업되면 뭐부터 하고 싶어요?

직장에 얼마나 오래 남아있을 생각인지 묻는 질문이다. 여행도 하고 학위도 따고 싶다는 등 포부를 물은 것이 아니다. 퇴사할 사람이라는 생각이 들게 만드는 어떤 말도 하지 마라. 사내에서 실현 가능성 있는 꿈과 야망이 있다는 것을 보여주면 된다.

B. 전공 및 산업 관련 질문

전공을 선택한 이유나 그 회사를 지원한 이유, 이 산업 분야에서 관심 있는 것, 발전 가능성이 있다고 보는 것 등이 궁금할 수 있다. 혹은 회사에 필요 인력이 해야 할 업무를 구체적으로 묻기도 한다. 이 부분은 직종별로 차이가 있을 수 있다. 예상 질문을 읽어보며 나라면 어떤 대답을 할 수 있을 것인지 생각해보자.

연구직

- 박사 과정을 이수 중 가장 기억나는 사건은?
- 현 우리나라 경제를 어떻게 보십니까?

사무직

- 법인결산은 몇 번 해보셨습니까?
- 자본적 지출과 수익적 지출을 설명하시오.

– 전공과목 중 가장 관심 있게 공부한 것은?

금융/보험/증권

– 전일 당사의 주가가 얼마였는지 아십니까?

– 증권업계의 전망을 어떻게 보고 있습니까?

기술직

– 기사 자격증을 취득하지 못한 이유는?

– 우리나라 전자 산업의 전망을 어떻게 봅니까?

건축/토목/건설

– 건설업계의 현황이 어떻다고 생각하십니까?

– 건설업계가 나아갈 길에 대해 말씀해 보세요.

미디어/출판/영상

– 영어회화는 어느 정도입니까?

– 오늘 아침 조간신문에서 본 인상 깊은 뉴스와 그 느낌을 말해 보십시오.

섬유/의류/의복

– 비연고지인 벽지 사무소에 배치된다면?

– 우리나라에 섬유회사가 얼마나 있을까요?

식품/식음료/조리

– 가장 자신 있게 만들 수 있는 음식은?

– 자신의 전공에 대한 특성을 말해 보십시오.

해외영업/국내영업

– 지방발령에 대해서 어떻게 생각합니까?

– 자본적 지출과 수익적 지출을 설명하시오.

서비스/컨설팅

- 고객을 만족시키는 서비스란?
- 지로제에 대해 말해 보십시오.

C. 인성 질문

친구들을 보면 그 사람의 인격을 알 수 있다. 성장한 환경이 한 사람의 생에 막대한 영향을 끼친다. 가정환경, 학창 시절이 그렇다. 지원자가 무엇에 관심을 가졌는지, 무슨 활동을 했는지 등에 대해 묻고 지원자의 학습관, 사회성, 대인관계 등을 알아보고자 한다. 면접관은 지원자를 사람관계로서 접근해보려 하고 있는 것이다. 여기서의 답변은 직무보다는 인성에 초점을 두고 접근하자.

- 자신의 성격을 객관적으로 평가해보십시오.
- 진정한 친구라고 꼽을 수 있는 친구가 몇 명이나 있습니까?
- 가족관계는 어떻게 되며 특이한 점이 있다면 무엇입니까?
- 타인이 보는 나의 모습은 어떤가요?
- 좌우명이나 생활신조가 있습니까?
- 가장 기억에 남는 아르바이트가 있다면 어떤 것이었습니까?
- 대학 시절 직장에 다닌 경험이나 아르바이트를 했던 경험이 있습니까?
- 대학 시절에 용돈은 어떻게 마련했습니까?
- 여가시간은 어떻게 보냅니까?
- 학창 시절에 취업을 준비하기 위해 어떤 노력을 했습니까?
- 어학연수 경험이 없는데 특별한 이유라도 있습니까?

D. 기타 질문

- 좋아하는 취미 활동이나 특별히 자신 있는 특기가 있습니까?
- 취미가 음악이라고 적었는데 노래는 잘 부릅니까?
- 좋아하는 운동선수가 있다면 누구인지, 왜 좋아하는지 이야기해보십시오.

'스포츠를 좋아합니까?' 이런 질문은 그 사람의 의협심, 목적의식의 존재 여부를 판단하기 위한 질문이면서 동시에 기습 질문에 대한 그 사람의 판단력의 기민성, 예기치 못한 상황에서 임기응변할 수 있는 결단력의 소유자인가의 여부를 시험하는 질문이기도 하다.

- 상사가 주말에도 나와서 일을 하라고 하면 어떻게 하겠습니까?
- 부득이하게 야근을 해야 한다면 어떻게 하겠습니까?
- 피치 못할 사정으로 구조조정을 해야 한다면 어떤 사람들부터 해고해야 합니까?
- 현재 서울에 살고 있는데 지방에서 근무할 수 있겠습니까?
- 노동조합에 대해서 어떻게 생각합니까?

직장 생활에 관련된 질문은 흔히 주어진다. 이 질문은 지원자의 희망을 들어주겠다는 친절에서 나오는 질문이 아니다. 구체적으로 일, 즉 직업이라는 것에 어느 정도의 관심이나 자신을 갖고 있나 알고자 하는 질문이다.

- 남쪽으로 5마일, 동쪽으로 5마일, 북쪽으로 5마일 걸어갔다고 하자. 당신은 출발 지점과 똑같은 곳에 서있다. 그곳 날씨가 어떤가?
- 맨홀 뚜껑은 왜 사각형이 아니고 원형인가?
- 지하철역 에스컬레이터를 늘 두 개는 올라가고, 한 개는 내려오게 짓는 이유는 무엇인가?

요즘엔 다른 회사들도 기발한 질문을 던지는 편이다. 골치 아픈 질문을 던지는 것은 정답을 듣기 위한 것이 아니라 그 질문에 대해 접근할 때 얼마나 창의성을 발휘하는지를 보기 위해서다. 답을 맞힐 필요는 없다. 아는 지식 내에서 최대한 성의껏 대답하면 된다. 특히 이런 순발력 테스트 같은 질문에 대응을 못했다고 의기소침해서 면접을 망치는 경우가 있는데 그러지 말자. 사실 이미 처음 자기소개와 지원동기/장단점 질문에서 열심히 준비한 당신이 합격자로 내정된 상황일 수 있다. 끝까지 포기하지 말자.

3.

하드웨어적 요소 준비

다음은 하드웨어적 경쟁력을 갖출 차례이다. 소프트웨어적 요소가 답변 논리, 대답 내용에 해당한다면, 하드웨어적 요소는 외적인 것을 말한다. 목소리 톤, 입장과 퇴장 방법, 앉는 자세, 표정을 어떻게 하느냐의 문제다. 저자는 10여 년간 면접 코칭을 해오면서 해마다 똑같은 말을 들어 왔다.

신입 구직자 답변 논리 준비할 시간도 부족한데 목소리, 인사 자세도 준비해야 해요?

JUN 네, 물론입니다.

대부분의 지원자들은 면접 답변 논리를 준비하는 소프트웨어적 요소에 과하게 집중한다. 초보 면접자일수록 더더욱 답변 내용만 생각한다.

대부분 여기서 합격자와 불합격자의 1~2% 차이가 발생한다. 신입 면접자들의 답변 내용은 사실 고만고만하다. 면접자들의 눈이 휘둥그레질 만큼 새로운 답변, 기상천외하고 신뢰 가는 답변을 말하는 사람은 전체 지원자의 0.1% 수준일 것이다. 그러므로 대부분은 비슷한 답변을 하고도 예의 바르고 차분하며, 신뢰를 주고, 좋은 인상을 가진 사람들에게 plus 점수가 부과되는 것이다.

게다가 이 하드웨어적 요소의 장점은 바로 준비시간이 그리 오래 걸리지 않는다는 것이다. 시간이 촉박하다면 면접 들어가기 하루 이틀 전부터 몸에 익도록 준비하기만 해도 분명 효과가 있다. 단, 눈으로 훑어보고 '아, 이렇게 하면 되는군' 하고 끝난다면 아무 소용이 없다. 반드시 몸으로 따라해 움직여야 한다.

그럼 지금부터 구체적으로 어떻게 연습해야 하는지 항목별로 정리해 보자.

[비언어적 요소란?]

자세, 말투, 표정 등 면접에서 질문에 대한 답변 논리 이외에 보여주어야 하는 모든 간접적인 모습들을 말한다. 사람에 대한 평가는 무의식적으로 이루어진다. 첫인상은 3초 안에 결정된다는 말처럼 잠깐 흐트러진 사이에 나의 당락이 결정된다고 생각하면 끔찍할 수밖에 없다. 튀어야 한다는 뜻은 절대 아니다. 이 회사에 잘 적응할 수 있는 상식적인 사람이라는 인상만 줄 수 있으면 된다. 과하게 신경 쓸 필요도 없지만 너무 신경 쓰지 않아도 기본적인 예의가 없는 사람으로 비칠 수 있으니 주의하자.

〈미리 보는 면접 프로세스 - 입장부터 퇴장하기〉

① 얼굴에 웃음을 머금고 노크를 한다.

② 문고리를 잡고 문을 열며 들어선다. 면접관은 보지 않는다.

③ 완전히 입장한 뒤, 몸을 돌려 두 손으로 문을 닫는다.

④ 면접관 쪽으로 몸을 돌려 웃음을 보이면서 가볍게 목례한다.

⑤ 웃는 표정을 만들면서 시선을 의자에 두고 걸어간다.

⑥ 의자 앞에서 웃음을 유지하며 90°로 인사한다.

⑦ 자리에 앉으라고 하면 "감사합니다."라는 멘트와 함께 앉는다.

퇴장시에는 입장시의 ⑥ → ④ → ③의 그림을 참조하여 퇴장한다.

[입장 방법/퇴장 방법]

아마 면접장에 시간을 딱 맞추어 도착하는 사람은 없을 것이다. 최소 30분 전에는 도착하여 그 공간과 익숙해지는 시간을 가져야 할 것이다. 그러나 면접장 안까지는 미리 들어가 볼 수 없다. 면접장은 면접이 시작하면서부터 끝날 때까지 딱 한 번 방문할 수 있는 공간이다. 입장은 개인 입장과 단체 입장으로 나눌 수 있다.

면접을 본 경험이 있는 사람이라면 처음 면접장을 마주할 때의 그 긴장감과 적막한 공기를 기억할 것이다. 개인 입장은 더욱 긴장감이 고조된다. 긴장감은 딱 적당한 정도로 유지하는 것이 좋다. 큰 심호흡을 한 후 얼굴에 미소를 장착하자. 관리자의 지시사항을 잘 따르면 큰 문제는 일어나지 않는다.

문이 닫혀있다면 노크를 하고, 열려있다면 바로 입장하면 된다. 문을 열고 등장한 후 바로 면접관을 보게 되면 서로 민망할 수 있다. 입장 후 몸을 돌려 두 손으로 공손히 문을 닫는다. 그리고 면접관 방향으로 두 발을 모으고 서서 간단한 목례를 한다. 간단히 예의를 표하는 것으로 90도로 인사하라는 뜻이 아니다. 문이 열려있다면 바로 입장하여 두 발을 모으고 서서 간단히 목례를 한다.

시선을 의자에 두고 의자 앞으로 이동한다. 걸어가는 동안 웃는 표정을 유지하면 더욱 좋다. 가는 동안 긴장의 정도를 정리하자. 의자 옆 혹은 앞에 설 것을 결정하고 걸어간다. 생각한 위치에 도착했다면 웃음을 유지하면서 90도로 인사한다.

"안녕하십니까? (수험번호) (이름)입니다."

면접관이 앉을 것을 권하면 "감사합니다"라는 멘트와 함께 자리에 앉으면 된다.

그렇다면 단체 입장은 어떻게 다를까? 내가 몇 번째로 입장하는지 가늠하는 것이 중요하다. 앞선 면접자들의 입장 속도를 체크하고 면접장 안도 살짝 볼 수 있다면 미리 한 번 보는 것이 좋다. 가장 먼저 입장을 하고 내가 조장이라면 문손잡이를 잡고 들어서면서 목례를 한다. 중간에서 입장한다면 입구에 들어서고 잠시 서서 빠른 목례를 하고 지나가면 된다. 마지막 또한 들어섬과 동시에 빠른 목례가 필요하다. 들어설 때 문이 닫혀 있었다면 마지막 지원자가 문을 닫아야 한다. 다 함께 의자 앞에 서면, 가장 먼저 입장한 조장은 준비가 되었는지 충분히 확인 후 "차렷, 경례" 등의 구호를 한다. 중간 혹은 마지막에 입장한 지원자라면 구령을 잘 듣고 인사를 하면 된다. 90도 인사 후 언제나 미소를 잃지 말자. 앉기를 권하면 감사 인사 후 앉으면 된다.

면접실 입장				
개인 입장		단체 입장		
문이 닫혀 있다면	문이 열려 있다면	가장 먼저 입장	중간에 입장	마지막에 입장
① 심호흡과 미소 ② 노크 ③ 문을 열고 입장 ④ 몸 돌려 문 닫기 ⑤ 두 발 모아 서기 ⑥ 간단한 목례	① 심호흡과 미소 ② 입장 ③ 두 발 모아 서기 ④ 간단한 목례	문고리를 잡고 들어가며 빠르고 가벼운 목례	입실 후 잠시 서서 가볍고 빠른 목례	들어서서 가볍고 빠른 목례 후 문을 닫을 것

① 시선은 의자를 향한 채 이동 ② 걸어가는 동안 미소 유지 ③ 의자 옆 혹은 앞에 도착 ④ 90도로 인사 "안녕하십니까." ⑤ 면접관이 앉으라고 제안 ⑥ "감사합니다" 하며 착석	의자 앞 혹은 옆에 서서 구령 후 인사	조장의 구령에 맞추어 인사

면접관이 먼저 "수고하셨습니다"와 같은 마무리 멘트를 할 것이다. 면접 결과는 아직 아무도 모르는 것이니 끝까지 예의를 지키도록 하자. 자리에서 조용히 일어나 90도로 인사하며 "감사합니다"라고 말한다. 몸을 돌려 문쪽을 보고 이동한다. 면접관이 보든 안 보든 나갈 때는 반드시 가벼운 미소를 띠고 목례를 한 뒤 나가야 한다. 원래 문이 닫혀있었다면 퇴장 시 문을 조용히 닫으면 된다.

[자세]

허리, 고개, 손과 발로 나누어보겠다. 움직임이 커지면 상당히 눈에 띈다. 가장 많은 실수를 하는 부분이다. 모범 자세를 꾸준히 연습하여 몸에 배면 실수를 줄일 수 있다.

허리는 절대 등받이에 대서는 안 된다. 엉덩이와 90도가 유지되면 좋다. 단, 면접관이 이름을 부르거나 질문에 대한 답변을 할 때는 살짝 몸을 기울이는 것이 좋다. 꼿꼿하고 바른 몸은 면접관에게 신뢰감을 줄 수 있으며 몸을 앞으로 기울이는 행위는 더욱 소통이 잘 되고 있다는 느낌을 주기 때문이다.

고개를 적절히 끄덕이는 것도 같은 원리이다. 면접관의 이야기를 듣고 있거나 질문을 받을 때 경청하고 있다는 제스처이다. 끄덕이면서 작은 소리로, 혹은 입모양만 “예” 모양으로 취하고 시선은 질문자에게 던지면 좋다. 이는 동조의 바디랭귀지 전략으로 친밀감을 높이는 행위에 속한다.

손과 발은 되도록 쓰지 않는 것이 좋다. 손은 남자라면 살짝 주먹을

쥐고 무릎 위에 올려두고, 여자라면 가지런히 펴서 올려두면 된다. 말이 막힌다고 해서 손이 올라오는 습관을 그대로 두면 산만하게 느껴진다. 의식적으로 관리하는 것이 좋다. 발은 남자의 경우 어깨너비만큼 벌린 11자 형태로 하며 여자는 오므리고 있는 것이 좋다. 발을 기울이면 몸도 기울어서 좋지 않은 인상을 준다.

[표정]

시선과 미소 처리만 잘 되어도 좋은 점수를 받을 수 있다. 시선 처리는 특히 중요하다. 눈을 너무 직접적으로 바라봐도 건방지다는 느낌을 줄 수 있고 전혀 마주치지 못해서도 안 된다. 신입사원으로서의 패기와 의지를 보여주어야 한다. 미소 또한 인상을 결정하는 중요한 요소이므로 면접 내내 웃음을 유지해야 한다. 의식적으로 입술 양 끝을 올리는 연습을 해야 한다.

① 처음 입장하여 자리에 착석한 뒤

시선 처리는 상황에 따라 달라진다. 처음 입장하여 자리에 착석하면 면접관을 보아야 한다. 그렇다고 한 사람만 뚫어지게 쳐다보면 매우 건방지게 보인다. 눈이 마주치면 시선을 이동하는 것이 좋다. 시선을 바꾸는 타이밍은 3~5초가 좋다.

② 면접관이 질문을 하거나 설명을 한다면?

당연히 경청하여야 한다. 면접관을 주시하면서 고개를 약간 끄덕이면 좋다. 너무 몸이 굳은 것처럼 보이는 것보다는 커뮤니케이션이 되고 있다는 느낌을 주는 것이 더욱 좋은 비언어적 요소 활용법이다.

③ 내가 답변할 때

시선이 너무 한 사람에게 쏟아지는 것은 좋지 않다. 3~5초에 한 번씩 시선을 돌리면서 주변을 환기시킨다. 이러한 행동은 면접관들을 자신에게 주목시키는 역할을 한다. 자기와 눈이 마주칠 것을 알기 때문에 지원자에게 계속 집중하게 된다.

④ 내가 아닌 다른 지원자가 발표 중일 때는?

면접관을 바라보고 있어야 한다. 눈이 살짝 마주치면 앞서 말한 대로 시선은 살짝 이동하는 것이 좋다. 단, 회피하는 느낌을 주기보다는 자연스럽게 이동하여야 한다. 전혀 어렵지 않다. 모의 면접 다섯 번만 해보면 무슨 말인지 알 것이다.

⑤ 시선을 맞추기 어렵다면

간혹 시선 맞추기를 어려워하는 사람들이 있다. 이 경우 면접관 눈 아래쪽으로 시선을 이동하는 것이 좋다. 코 정도를 보는 것도 나쁘지 않다. 하지만 상대방은 당신이 눈을 마주치지 못한다는 사실을 알고 있을 것이다. 일반적으로 눈이 아래로 떨어지는 것은 감정에 의존하고 눈이 옆으로 돌아가는 것은 청각에, 눈이 위로 올라가는 것은 시각적 기억에 의존하는 것이라고 한다.

시선 처리에 대해 정리하자면 먼저 시선 이동은 3~5초 사이에 한 번씩 하는 것이 좋다. 이 길이는 내가 말을 하고 있을 때 한 문장이 끝나는 지점 또는 문장이 접속사로 연결되는 순간인데, 이때 시선 이동을 통해 면접관의 이목을 끌 수 있다. 그리고 아무리 당황하더라도 눈을 과하게 깜박거리는 것은 좋지 않다. 신뢰감을 떨어뜨리는 행동이기 때문이다. 당황스러운 질문에도 의연하게 대처하는 능력을 기르자.

미소는 면접 내내 유지하고 있어야 한다. 입꼬리를 의식적으로 올려야 한다. 그러나 면접관의 설명을 듣거나 질문을 들을 때 무조건 웃고 있는 것은 도움이 되지 않는다. 진지한 자세로 임한다는 인상을 주어야 하므로 그럴 때는 질문하는 면접관을 주시하면서 입술을 1자로 만들고 고개를 천천히 끄덕이며 집중한다. 답변을 할 때 그것이 일반적인 내용이라면 살짝 분위기를 풀어주는 것도 좋다. 입꼬리를 의식적으로 올려 웃음을 만들고 시선은 여러 명에게 한 번씩 던져주는 것이다.

[말투]

말투는 두 가지만 기억하자. ① 예/아니오 표현법과 ② 목소리 톤이다. 대답은 확실하게 해야 한다. 면접관이 본인의 이름을 부른다면? 당연히 "예"라고 정확하고 큰 목소리로 답해야 한다. 말투에 주저함이 있으면 좋은 인상을 주기 어렵다. 그러나 "아니오"는 다르다. 만약 면접관이 잘못된 평가를 내리거나 사실이 아닌 말을 한다면 당연히 반박할 수 있다. 그러나 강하게 나갈 경우 자기주장이 너무 강하다는 인상을 줄 수 있고 어떻게 보면 건방지게 느껴지기도 한다. 이럴 때는 "아닙니다"보다는 시선을 살짝 아래로 떨어뜨리며 "그렇지는 않습니다"라고 부드럽게 표현하는 것이 좋다.

그러나 아무리 좋은 내용도 상황에 맞는 톤이 뒷받침되어야 한다. 예를 들어 콜센터 직원들의 "안녕하십니까, 고객님" 하는 목소리는 언제 들어도 편안하다. 이와 같이 편안한 목소리로 듣기 좋게 말하는 것이 좋다. 하지만 이것도 연습이 되지 않으면 조절하기 어렵다. 1분 자기소개나 지원동기를 적었다면 그것을 한 번 읽어보길 권한다. 그리고 큰 소리 혹은 작은 소리, 다정한 톤과 무표정한 톤, 기쁜 마음을 담거나 시상식에서 상을 받은 듯한 목소리로 다양하게 표현해보자.

장소를 달리하는 것도 도움이 된다. 생각보다 면접실이 크다면 목소리를 크게 내야 할 것이고, 준비한 목소리에 비해 면접실이 작다면 볼륨을 줄여야 한다. 이 또한 연습하지 않은 상황에서는 듣기 좋게 나기 어렵다. 안방, 작은 방, 거실, 밖, 교실 등 장소를 바꾸어보고 적당한 목소리 튜닝의 과정을 거치기 바란다.

사람마다 맞는 목소리가 다르기에 정답은 없다. 본인이 오래 끌고 갈 수 있는 목소리가 가장 좋은 목소리이다. 그러나 이것만은 명심하자. 낮은 톤의 보통 속도가 가장 좋은 소리이며 높은 톤으로 빠르게 말하는 것이 가장 나쁜 목소리이다.

[복장]

마지막으로 신경 쓸 것은 복장이다. 취업의 최종 관문까지 왔는데 옷차림으로 인해 나쁜 첫인상을 주어서는 안 된다. 옷 한 벌로 짧은 시간 안에 자신의 능력과 비전, 자신감이 평가된다. 언제나 말하지만 비언어적 요소는 이 회사에 잘 적응할 수 있는 아주 상식적인 사람이라는 인상을 주기 위한 것이다. 면접자가 그 회사와 잘 어울릴 수 있는 사람이라는 느낌만 심어주면 된다. 따라서 면접에서는 면접관에게 자신감 있는 태도와 그 직업 유형에 맞는 이미지를 표출해야 한다.

우선 그 회사와 직무에 어울리는 것을 입어야 한다. 옷 잘 입기 경연장이나 유행에 대한 세련미를 자랑하는 자리가 아니니 비싼 옷을 입거나 화려한 옷을 입을 필요는 없다. 어떤 회사의 어떤 자리를 원하느냐에 따라 우선 그 회사의 문화를 이해하는 것이 필수적이다. 원하는 직종의 성격과 그곳에서 일하는 사람들의 전체적인 분위기를 먼저 살펴보라.

포켓치프, 보석 박힌 커프스 링크, 컬러풀한 재킷 안감, 타이 바 등은 아무리 창의적이고 유연한 사고를 요구하는 회사라도 안 된다. 면접뿐만 아니라 누군가를 처음 만나는 장소에서 액세서리는 결코 눈에 띄어서는 안 된다. 또한 수트의 주름과 더러움에 주의해야 한다. 때 낀 손톱, 곧 떨어질 듯한 소매 단추, 수트에 절대 신어서는 안 되는 발목 양말, 스쿠버 다이빙할 때 사용할 법한 두꺼운 스포츠 시계 또한 안 된다. 순식간에 이미지가 반감된다. 언제나 차이는 작은 것에서 생긴다는 것을 기억하자.

5 장

유형별 면접 실전

1
토론 면접

요즘 기업들은 인성 면접은 기본이고 토론 면접과 PT 면접까지 함께 보는 경우가 많다. 지원자로서는 전문성을 발휘할 수 있는 기회라고 생각할 수 있다. 그렇다면 면접관 역시 지원자의 전문적인 토론 능력을 보고 싶은 것일까? 정답은 **절대 아니다.**

면접관들이 원하는 것은 직무적합성과 의사소통 능력, 조직생활 적응력이다. 따라서 지원자의 발표 논리와 설득력을 볼 것이라는 생각은 일차원적이다. 물론 안 보는 것은 아니다. 조직 생활을 하기 위해서는 합리적인 사고력과 논리력이 필요하다. 그러나 나와 다른 의견에도 협조적인가, 구성원의 다양한 의견에 대해 열린 마음을 가지고 있는가를 더 보고 싶어 한다. 아무리 본인이 많은 지식을 가지고 있다고 하더라도 커뮤니케이션 능력이 떨어진다면 기업에서는 쓸모없는 사람이기 때문이다.

토론 면접은 면접자 간 실력 격차가 극명하게 대조되며 그 자리에서 비교함으로써 제법 빠른 평가가 이루어진다. 인성 면접과 달리 내가 논리적으로 취약하면 상대방에게 이롭다. 물론 논리 전개력은 개개인의 차이가 있다. 대부분은 논리적 전개에 대한 두려움이 있다. 그러나 어떻게 분위기를 조성하고 내가 '할 말'을 전달하느냐는 연습을 통해 실력을 업그레이드시킬 수 있다. 발표의 기회는 평균적으로 3회 정도 주어진다. 기회마다 1분 이상은 이야기를 해야 한다. 세 번의 기회 중에 한 번이라도 두각을 드러낼 수 있다면 성공이다. 긴장되는 자리에서 모두 나를 쳐다보고 있다는 생각을 하면 사실 꽤나 숨이 막힌다. 그렇더라도 이런 상황에서 말을 잘 할 수 있는 연습이 필요하다.

토론 면접의 핵심 3요소 : 할 말, 발표 방식, 자세

토론 면접은 세 가지만 기억하라. '할 말'은 답변 논리를 뽑아내는 방식을 말한다. 단순하면서도 강력한 몇 가지 방법을 제안하겠다. 여러 번의 연습을 통해 내 것으로 만들자. 발표 방식은 기조연설이냐, 중간 반박이냐 최종 변론이냐에 따라 약간의 차이가 있다. 자세는 협조적이고 열린 마음을 보여줄 수 있어야 한다. 토론에 적극적이면서도 동조적으로 참여하고 있음을 면접관의 무의식에 어필하는 방법이다.

1. 할 말

어떤 주제가 나올 것인가는 아무도 알 수 없다. 그러니 주제가 던져졌을 때 내가 할 수 있는 이야기가 무엇이 있는가에 집중해야 한다. 시

사 토론, 문제해결, 전공 토론 등 다양한 주제가 있으니 사전에 예상되는 주제를 꼼꼼하게 살펴두는 것이 좋다. 아무리 많은 이슈를 접해도 찬반을 할당받고 나면 머리가 하얗게 되는 현상을 경험하게 된다. 긴장되고 신경이 곤두서기도 하고 내가 할 말을 앞 사람이 먼저 하는 경우도 있다. 이럴 때 슬기롭게 대처하려면 몇 가지 노하우가 필요하다.

질문 대처 노하우는 4단계만 기억하라.

어떤 토론이건 찬반이 갈리는 데에는 다른 이유가 없다. 바로 이익이 그 목적인 것이다. 결국 질문의 핵심은 '사람과 이익'에 있다. 초점을 사람에게 두어야 한다. 여러 번의 테스트를 거쳐 본 결과, 아래와 같은 방법이 가장 효과가 좋았다. 토론에서 탄탄한 논리력을 구사할 수 있는 매우 강력한 기법이다.

먼저, ① 해당 문제의 수혜자가 누구인가 그 사람(또는 집단)에 초점을 맞춘다. 다음으로 ② 수혜자 또는 수혜 집단이 직접적으로 얻는 이익에 주목한다. 이에 더욱 영역을 확장하여 ③ 사회적 관점에서 얻는 이익을 따져본다. 이러한 세 단계를 거쳐도 마땅한 의견이 없다면 ④ 극단적으로 반대 입장에서 보았을 때 발생하는 문제는 무엇인가를 생각해보는 것도 좋다.

2. 발표 방식

발표는 앞서 설명한 대로 기조연설, 중간 반박, 최종 변론으로 나누어 접근할 수 있다. 이중 제일 중요한 것이 기조연설이다. 기조연설부터 막혀버리면 어리버리한 느낌을 줄 수 있다. 한 번 이러한 인식이 박히면 바꾸기 힘들다. 면접 시작 후 처음 갖는 발언 기회가 전체 평가의 60%를 좌우한다. 집중해서 연습하라.

토론 주제를 받으면 시작 전에 가장 먼저 종이에 정리해야 할 것이 있다.

찬성	반대

최종 의견

찬성이냐 반대이냐에 따라 각기 발표 시간이 있을 수 있다. 이때 찬성과 반대 의견을 모으고 하나씩 타파해 나가거나 '이런 장점도 있지만 이런 단점도 있다'라는 식으로 조곤조곤 반박할 수 있다. 이렇게 발표를 간단하게 정리하면서 이름도 적어주면 좋다. 내 차례에 '○○○님께서 발표하셨듯이~'라고 언급해주면 더욱 꼼꼼하고 신뢰감 있는 느낌을 줄 수 있다. 최종 의견은 굳이 꼭 필요하다고는 할 수 없지만 번뜩이는 생각이 있다면 적어두었다가 발표해도 좋다.

기조연설

운을 떼는 것은 상당히 긴장되는 일이다. 모두의 시선을 한몸에 받는 상상을 하며 미리 연습하는 것이 좋다. 또한 논리 구조 역시 사전에 철저한 준비가 필요하다. 먼저 질문 노하우 4단계에 맞게 발표 내용을 정리해둔다. 주제에 맞게 논리 구조는 얼마든지 바뀔 수 있으나 발표 패턴이 달라져서는 안 된다. 찬성 측 먼저, 또는 찬반 지그재그로 기조연설을 하는 경우 대응법이 다르다. '먼저 찬성 측 의견 잘 들었습니다' 이런 말 하나가 토론에 협조적인 사람으로 보이게 만들기 때문이다.

Ⓐ 기조연설의 일반적인 발표 패턴

– 찬성 측 의견 말씀드리겠습니다. [발표 내용] 따라서 저는 주제에 대해 찬성합니다.

– 네. 반대 측 의견 잘 들었습니다. 저는 ○○에 대해 찬성하는 입장입니다. [발표 내용] 따라서 저는 ○○에 대해 찬성합니다.

Ⓑ 이미 동일한 내용이 발표된 경우

– 찬성 측 의견 말씀드리겠습니다. 저는 앞서 발표해 주신 저희 쪽 ○○○님 의견과 동일합니다. [발표 내용] 따라서 저는 주제에 대해 찬성합니다.

– 네. 반대 측 의견 잘 들었습니다. 저는 ○○에 대해 찬성하는 입장이며, 앞서 발표해 주신 저희 쪽 ○○○님 의견과 동일합니다. [발표 내용] 따라서 저는 ○○에 대해 찬성합니다.

: 내가 할 말이 없을 때, 말하려고 한 내용이 앞서 미리 나와 버렸을 때 Ⓑ와 같은 방식으로 대처할 수 있다. 여기서 앞선 내용을

약간의 정리하고 다른 예제를 활용하면 더욱 전문성 있게 보인다.

중간 반박

본격적인 대화는 중간 반박이다. 절대적으로 주의해야 할 것은 '나의 의견이 반박당했다고 흥분'하는 것이다. 흥분하는 상대에게 말려서 둘 다 떨어지는 경우도 왕왕 있다. 감정이 섞이면 대화가 어렵다. 생각보다 많은 경우 싸워서 이기려는 경향을 보이는데 토론 면접의 목적을 잊지 말자. 어떠한 경우라도 상대가 말하는 중간에 말을 끊는 행위가 있어서는 안 된다. 굉장히 비협조적으로 보인다. 끝까지 듣고 말해야 한다. 만약 상대가 끊으면? 멈추는 것이 도리어 효과적이다. 면접관 눈에는 말 끊은 친구가 아무리 논리적으로 완벽해도 당신이 더욱 예쁘게 보일 것이다. 토론 면접의 목적은 싸워 이기는 게 아니다. 협조적으로 결론을 도출해내는 과정을 면접관에게 보여주고 본인이 얼마나 협동심 있는 사람인가 보여주는 것이다.

상대의 이야기가 끝난 후 바로 의견을 이야기하기보다는 1~2초 쉬었다가 의견을 이야기하면 효과적이다. 가만 있으라는 것이 아니라 '예, 잘 들었습니다.' 등의 말을 해주면 격조 있어 보인다. 만약 우리 팀 중 한 명이 상대와 논쟁을 벌일 때 필요하다면 팀을 도와주거나 논점을 바꿔도 된다. 지루한 싸움이 시작될 것 같은 상황에서 면접관의 얼굴에 미소를 띄워주는 방법이다. 의외로 논점을 돌리는 것이 굉장히 효과적이다.

Ⓐ 중간 반박의 일반적인 발표 패턴

예. 반대 측 의견 잘 들었습니다. 반대 측에서는 주제에 대해 A라고 말씀하셨는데, 저는 그렇게 생각하지 않습니다. [발표 내용] … 이기 때문입니다. 이상입니다.

: 기본적인 반박의 패턴이다. 상대측 의견을 잘 들었으며 내 의견은 어떠하다라는 점을 명확히 전달해야 한다. 발표가 끝나면 '이상입니다'라고 알려 마무리를 해주어야 한다. 여기서 내 의견에 몇 가지 변형을 거치면 매우 훌륭한 공격이 가능하다.

Ⓑ 중간 반박 질문

예. 반대 측 의견 잘 들었습니다. 반대 측에서는 주제에 대해 A라고 말씀하셨는데, 그럼 한 가지 질문을 드리고 싶습니다. 만약 반대 측의 가족이나 친척이 ~ 한다 해도 A 하실 수 있으신지요?

: 극단적인 상황에서 굉장히 효과적이다. 개인적인 공격을 할 수 있기 때문이다. 어떤 말을 해도 설득력이 없어서 한 방에 무너진다. 그 이후 반대 측이 논리성을 회복하려면 상당한 시간이 걸리게 된다.

Ⓒ 중간 반박 논점 변경

예. 반대 측 의견 잘 들었습니다. 저는 지금 이야기되고 있는 A와 함께 ~라는 관점에서 말씀 드리고 싶습니다. [발표 내용] 이상입니다.

: 만약 Ⓑ와 같은 공격을 우리 측에서 받았다면, 대꾸를 하기보다는 아예 완전히 다른 논지를 가져오는 것이 더욱 낫다. 논점을 바

꾸면 훨씬 유리한 대화를 할 수 있다.

Ⓓ 중간 반박 의견 동조

예. 저희 쪽 의견에 덧붙여 말씀드리겠습니다. 앞서 말씀해 주신 A와 B뿐만 아니라 C라는 것도 있습니다. [발표 내용] 이상입니다.
: '덧붙여' 말한다는 것이 중요하다. 같은 의견을 가진 사람에게 힘을 실어주면서 상대편보다 우리 편이 대화 분위기를 주도할 수 있게 만든다.

최종 변론

최종 변론을 하는 타이밍은 사회자나 면접관이 마지막으로 자신의 의견을 발표해 달라는 멘트 이후이다. 이때 완전히 중립으로 넘어가지 말고 초기 기조는 유지한 상태에서 상대의 의견을 인정하고 일부 개선된 모습을 보여주는 것이 좋다. 상대 의견도 받아들이면서 내 의견을 견지하는 방향으로 나가는 것이다. 따라서 찬성이든 반대이든 전반적인 패턴은 비슷하다. 보완할 수 있다면 일부 수용할 수 있다는 논지를 취하면서도 현실적으로는 초기 기조가 아직은 우세하다는 입장을 보이면 된다. 인정할 것은 인정한다고 말하는 것이 낫다. 하지만 전체적으로 본 주제에 찬성 혹은 반대를 함에는 변함이 없으려면 아직 시기상조라거나 보완이 필요하다는 등의 제한을 덧붙이면 된다.

Ⓐ 최종 변론 발표 패턴 – 찬성

– 예. 최종 의견 말씀드리겠습니다. 본 주제에 대해 반대 측에서 말씀하신 A, B, C라는 단점은 반드시 고려되어야 할 것입니다.

하지만 저는 그런 의견에도 불구하고 C, D, F와 같은 장점이 전체적인 입장에서 보았을 때 더 중요하다고 생각하므로 A, B, C를 보완한 상태에서 본 주제를 찬성함이 타당할 것으로 생각합니다. 이상입니다.

– 예. 최종 의견 말씀드리겠습니다. 저는 본 주제에 대해 C, D, F한 장점이 중요하다고 판단하기 때문에 찬성합니다. 하지만 반대측에서 말씀하신 A, B, C라는 단점도 반드시 고려되어야 하므로 부작용을 보완할 수 있는 장치가 마련된 상태에서 실행되어야 할 것으로 생각합니다. 이상입니다.

Ⓑ 최종 변론 발표 패턴 – 반대

– 예. 최종 의견 말씀드리겠습니다. 본 주제에 대해 찬성 측에서 말씀하신 A, B, C는 분명 장점이 될 수 있습니다. 하지만 저는 그런 의견에도 불구하고 C, D, F와 같은 단점이 전체적인 입장에서 보았을 때 더 중요하다고 생각하므로 본 주제를 반대함이 타당할 것으로 생각합니다. 이상입니다.

– 예. 최종 의견 말씀드리겠습니다. 저는 본 주제에 대해 C, D, F한 단점이 중요하다고 판단하기 때문에 반대합니다. 하지만 찬성 측에서 말씀하신 A, B, C라는 장점도 반드시 고려되어야 하므로 부작용을 보완할 수 있는 충분한 장치가 마련된 상태에서 실행을 논의해야 할 것으로 생각합니다. 이상입니다.

3. 자세

내가 얼마나 협조적인지, 충분히 열린 자세를 취하고 있는지 무의식적으로 어필할 수 있는 것이 자세이다. 입장부터 자리에 앉을 때나 발표할 때, 의견 경청 및 최종 변론 과정에서 필요한 태도와 할 수 있는 실수 등을 미리 짚어보자.

토론 면접장에 입장할 때

당당하게 웃는 모습이 좋다. 지정좌석제가 아닐 때 어떤 자리가 좋을 것인가 고르게 되는데 괜히 두려운 마음에 면접관 쪽에서 먼 곳에 앉으려고 하면 좋은 인상을 주기 어렵다. 여기부터 평가가 시작된다. 자신 있게 눈에 띄는 자리에 앉아라.

자리에 앉고 나면

종이에 찬성, 반대, 최종 의견을 그려 넣고 기조연설 내용을 생각해 본다. 질문 노하우 4단계에 다다르면 큰 문제가 없을 것이다.

발표를 할 때에는

우선 상대의 의견을 끝까지 들어주자. 앞서 말한 대로 말을 끊는 것은 매우 멍청한 행동이다. 잘 들었다는 말을 한 이후에 시작한다. 내 발표에는 너무 경직된 태도를 취하는 것보다 손으로 약간의 제스처를 보이는 것도 도움 된다. 너무 정신없게 머리 위까지 손을 움직이라는 것이 아니고 신뢰감을 줄 수 있는 가벼운 손동작이면 된다. 목소리는 낮은 톤으로 빠르지 않게 전하고 중간에 "음… 어… 아…." 같은 습관어는 쓰지 말아야 한다. 의식적으로 노력하자. 듣는 사람들을 짜증나게 하고 의견 전달이 잘 되지 않는다. 상대가 중간에 끊으면 그대로 멈추고 경청하자. 오히려 내 점수가 올라간다.

다른 사람의 의견을 들을 때에는

발표자를 주시하며 천천히 고개를 끄덕인다. 이때 동조의 보디랭귀지를 사용하는 것이 좋다. 예를 들어 고개를 빨리 흔드는 것은 말을 '빨리 끊어달라'는 의미를 갖는다. 따라서 의견을 잘 듣는 사람으로 보이기 위해서는 집중하는 느낌을 주어야 한다. 크게 한 번, 중간 정도로 한 번, 작게 한 번 고개를 끄덕이는 것으로 충분하다. 또한 상대측 핵심 논리를 종이에 간략히 정리할 필요가 있다. 마지막 발표 때 정리해줄 수 있기 때문이다. 그렇다고 종이에 적는 데만 집중하면 안 된다. 포인트만 간단하게 적고 중간 반박을 날릴 수 있는 타이밍을 잡아보자. 그 타이밍은 경험이 쌓여야 알 수 있다. 토론이 격해지거나 논점에서 벗어나면 새로운 관점을 제안할 수 있는 성숙한 태도를 취하자.

최종 변론을 할 때는

종이에 적어둔 상대편 논리를 간략히 머릿속으로 정리하며 어떻게 말할 것인지 구상한 후 말한다. 이만큼 상대의 의견을 잘 듣고 정리했다고 어필하는 것이 최종 변론의 핵심 포인트이다. 그리고 어떠한 일이 있더라도 논쟁을 벌였던 상대를 비난해서는 안 된다. 회사가 뽑고 싶은 인재는 합의점 도출이 가능한 사람이다.

4. 사회자로 선정되었다면

간혹 토론 준비만 해갔는데 사회자로 선정될 때도 있다. 이때도 앞서 배운 것과 크게 다를 것 없이 중립적 입장에서 부드럽게 진행하면 된다. 사회자의 진행 과정은 다음과 같다.

① 토론 요약 및 양측 기조연설
② 기조연설에 이어 본격 토론 시작
③ 논점을 한 번 정도 변경
④ 최종 변론 유도
⑤ 양측 최종 의견 정리

토론이 시작되면 토론 주제에 대해서 간단한 설명이 필요하다. 또한 기조연설을 요청해야 하는데, 두루뭉술하게 말해서는 아무도 시작하지 못하고 우물쭈물거리게 된다. 먼저 찬성부터 한 사람씩 말해달라고 콕 집어주어야 시작된다. 기조연설이 끝나면 바로 토론이 시작된다. 이 때도 역시 입장을 명확히 요청하는 것이 중요하다. 토론이 잘 진행되고 있을 때 사회자는 그다지 할 일이 없다. 그러나 중간에 토론이 이어지지 않는다거나 의견이 한쪽으로 쏠리는 느낌이 든다면 한 번 정리를 할 필요가 있다. 논점에서 벗어난 이야기를 재정돈할 수 있고 새로운 관점을 제시하면서 의견을 물어볼 수도 있다. 마지막으로 최종 변론을 유도해야 한다. 미리 면접관에게 토론 시간을 물어보는 등 마감 시간을 알고 있어야 한다. 그리고 토론 시간이 거의 다 되었으면 양측의 토론을 정리하고 최종 의견 발표를 요청한다. 양측의 최종 변론이 끝나면 최종적으로 의견을 정리한다. 사회자가 가장 빛나는 순간으로, 지금까지의 토론 내용을 찬성과 반대 의견으로 나눠서 정리해 발표한다. 혹시 중도적 입장을 취할 수 있는 아이디어가 있다면 의견을 전부 다 취합하는 것도 좋다. 면접관이 만약 '그렇다면 사회자 의견은 뭐냐'고 물어보는 경우도 있다. 이것은 사회자 역할을 제대로 못했다는 의미다. 편중되지 않은 입장을 유지하고 종합해내는 능력을 발휘할 수 있으면 된다.

2
PT 면접

PT 면접이라고 하면 일단 두렵다. 많은 경험과 지식을 가진 면접관 앞에서 갑작스러운 발표를 해야 한다. 왠지 머릿속이 하얘지고 발가벗은 듯한 느낌이 들 것이다. 배짱 있고 여유로운 태도로 면접을 보는 것은 만만치 않은 일이다. 과연 어떻게 해야 좋은 점수를 받을 수 있을까?

PT 면접은 자료를 만들어서 그 자료 보고를 하는 형식으로 면접 진행을 하는 방법이다. 보통 주제는 면접 전에 주지 않는다. 주제는 회사의 제품이나 서비스 등이 나오며 짧은 시간에 순발력 있게 자료 보고를 할 수 있는지 확인하는 것이 목적이다. 이때 자료 분석 시간은 20~30분 정도 준다. 창의성, 독창성이 있으면 점수를 잘 받을 수 있어 좋으나 실현 가능성이 있게 작성하는 것도 좋다. 그리고 중요한 것은 주제에 대한 핵심 내용과 시사점을 도출해야 한다. 당연히 모범 답안에 들지 못하면 탈락한다. 대학 발표와 취업 PT 면접은 차원이 다르다. 기업에 대한 이해도와 빠른 두뇌 회전으로 면접관들에게 점수를 잘 따도록 하자.

인성 면접에서 순간 판단 능력을 보는 것이라면 PT 면접은 준비된 상황에서의 대처에 더욱 초점을 맞추고 있다. 회사를 다니면서 마주하는 업무는 이 유형이 더욱 많다. 면접의 과정을 생각해보자. 일반적인 회사라면 면접 시작 전에 주제를 알려주고 충분히 생각할 수 있는 시간을 준다. 지원자 앞에는 필기구와 종이가 놓여 있을 것이다. 이 종이는 발표 멘트를 모두 적으라고 있는 것이 아니다. 면접은 면접관과의 교감이다. 줄줄이 지식을 늘어놓으라는 것이 아니다. 이러면 아무리 내용이 좋다고 한들 어떠한 교감도 없을 것이다. 자료를 만들 때에도 마찬가지이다. 간결하게 정리할수록 면접관들과 눈을 마주칠 기회가 더 많아질 것이다.

자세 역시 중요하다. 짝다리만 짚지 않아도 좋은 점수를 받을 수 있다. 그러나 사실 매우 긴장된 상태이다 보니 무게 중심이 흔들릴 수 있다. 의식적으로 자세를 바르게 해야 한다. 발표 후 질문 답변 시간에도 좋은 자세를 유지해야 한다. 이때 어떤 태도를 취하느냐에 따라서 점수가 달라질 수 있다.

PT 면접의 핵심 요소 : 1. 내용 정리 2. 자세, 말투, 대응 능력

사전에 해당 기업이나 업계 관련 이슈는 충분히 조사했다는 전제가 있어도 정리를 못하면 아무것도 전달될 리 없다. 발표 내용을 깔끔하고 간결하게 정리하여야 한다. 발표를 통해 면접관의 머릿속까지 정리를

해줄 정도가 되어야 한다. 정리는 PT 면접 합격의 50% 이상을 좌우할 만큼 굉장히 중요하다. 어떻게 정리해서 발표하느냐에 따라 결과는 달라질 것이다. 발표 자세 및 말투 대응 역시 생각해두어야 한다. 면접에서 두 번의 기회는 없다.

1. 내용 정리 : 마인드맵

그 핵심 노하우는 바로 마인드맵이다. 가장 빠르게 대응력을 향상할 수 있는 비법으로, 90% 이상의 지원자들이 좋은 점수를 받은 방법이다. 다음의 방법은 면접장에 들어가기 전에 해야 할 일이다.

방법 1 : 주제를 선정하여 종이에 적기

주제가 하나여도 반드시 써야 한다. 첫머리는 그만큼 중요하다. 면접관 앞에서 어떤 말로 시작할 것인가? 자신이 긴장한 상태에서 누군가의 시선을 확 끌 수는 없다. 종이에 쓰는 행위는 긴장을 조금이라도 완화하는 데에 도움 될 것이다.

방법 2 : 마인드맵핑

많은 사람들이 마인드맵이 중요하다고 말하지만 정확하게 쓰는 법을 아는 사람은 거의 없다. 마인드맵은 말 그대로 생각나는 것을 맵화하는 것이다. 먼저 주제를 중간에 써야 한다. 따라서 왼쪽이나 오른쪽 귀퉁이에 주제에 관하여 생각나는 것을 다양하게 적어본다. 관련성이 없어도 된다. 일단 머릿속에 있는 것을 꺼내어 죽 나열을 한다. 그 다음 관련성 있는 것끼리 모아본다. 그리고 주제를 중심으로 이어보는 것이다. 가지를 엮다 보면 또 새롭게 생성되는 단어나 개념이 있을 수도 있다. 그것도 쓰라. 이렇게 머릿속에서 구성된 내용만으로도 멋진 PT를 만들 수 있다. 누구나 생각할 수 있는 방법이다. 이제 몇 가지 포인트를 잡아서 재정리하면 된다. 주제에 맞게 3~4개의 소주제로 묶어주면 된다. 소제목 5개는 이야기가 길다. 시간을 넘겨서도 안 되기 때문에 적당히 만드는 것이 좋다.

방법 3 : 순서 매기기

주제의 순서를 매기면 된다. 중요도를 기준으로 하거나 임팩트를 줄 수 있는 방법으로 순서화한다.

방법 4 : 결론은 정확하게 문장으로

한 문장으로 정확하게 적어주어야 효과가 좋다. 발표는 면접관과의 아이컨택이 중요하지만 결론만은 종이를 보고 읽어도 상관없다. 그만큼 중요하기 때문이다. 특히 강조하고 싶은 부분은 체크해두었다가 면접관과 눈을 맞추면서 발표하면 효과적이다.

방법 5 : 주제를 말할 것

이제 면접실에 입장했다. 가장 먼저 할 일은 주제를 말하는 것이다. 아주 명확하고 간결하게 발표해야 한다. 순서에 따라 준비했다면 종이에 적어 왔겠지만, 주제 정도는 종이를 보지 말고 면접관과 아이컨택하면서 여유 있게 이야기하자. 만약 시간이 없어 한 문장으로 적지 못했다면 마인드맵의 중심에 적어놓은 주제 정도만 언급해도 된다.

방법 6 : 서론을 말할 것

서론은 아래와 같은 내용을 말하는 것이 가장 효과적이다.

① 문제를 받고 난 후 나의 고민

② 답변의 방향성

매우 강력한 노하우라고 할 수 있다. 면접과 관련한 어느 연구가 있다. 개인적인 경험에 비추어서 솔루션을 발표하는 것과 전문적이고 객관적인 수치를 기준으로 솔루션을 발표하는 것 두 방법 중에 어느 쪽의 합격률이 높을 것인가에 관한 연구인데, 사실 두 방법의 결과는 큰 차이가 없었다. 그러나 이 두 가지 방법을 섞어서 발표를 하는 것은 합격률이 매우 높게 나왔다. 즉, 주제에 대한 느낌을 몇 문장 말하고 객관적인 논리 구조를 세우면 더욱 면접관이 집중하기 쉽게 만든다. 경험담이 소소하고 공감이 가는 내용이라면 약간의 웃음을 유발할 수 있다. 마케팅이나 금융권의 PT 면접은 매우 분위기가 어렵고 딱딱한 편인데 좀 더 분위기를 유하게 풀 수 있다. 이러한 방법이면 분명 합격 확률이 비약적으로 오를 것이다. 검증된 방법이다. 꼭 기억하자.

방법 7 : 본론을 말할 것

본론에서 말해야 할 내용은 다음과 같다.

① 마인드맵 순서에 맞춰 하나씩 키워드를 보고 내용을 생각할 것

② 내용 발표를 하면서 연결해 나가는 노하우를 연습하는 것이 포인트

단어를 보고 어떻게 설명할 것인지는 연습을 조금 해보면 된다. 한 단어를 보고 말을 이어가고 또 다른 단어를 보고 말을 이어가고 하다 보면 충분히 할 수 있다. 이 또한 몇 번의 연습을 거쳐야 한다. 또한 순서대로 언급을 하되 비교하면서 말하는 것이 좋다. 이렇게 가이드를 제시해주면 면접관들의 머릿속에서도 정리가 된다. 어떠한 논리 구조였는지 함께 그려가는 것이 좋다. 누누이 말하지만 해보아야 안다. '아, 이렇게 하면 되는구나.' 하고 넘어가지 말고 반드시 시도해보자. 다섯 개의 주제로 3시간만 투자하면 확실하게 바뀐다.

방법 8 : 결론을 말할 것

① 마인드맵을 보면서 항목별로 간단히 정리해 줌

② "이상입니다. 질문 있으십니까?"

결론 부분은 면접장에 들어오기 전에 먼저 적어놓고 중요한 부분만 몇 개 강조하면 된다고 했다. 그런데 만약에 결론을 쓸 시간이 없었다면 마인드맵 자체만으로도 결론을 내릴 수 있다. 관점이 몇 개였는지, 각 내용은 무엇이었는지 가볍게 문장화하면 된다. 어쨌든 면접관만 설득시키면 된다. 이렇게 마인드맵 방식으로 3시간만 연습에 투자하면 300% 이상 실력이 향상된다. 회사에서도 PT는 자주 사용된다. 회사 안에서도 이렇게 발표할 수 있는 사람은 많지 않으므로 이러한 방식을 사용하여 취업 후에도 핵심 인재로 성장할 수 있을 것이다.

2. 발표 자세/말투/질문 답변 대응

크고 자신감 있는 목소리, 지속적인 아이컨택, 적절한 제스처의 활용은 전달 효과를 높일 수 있다. 또한 '경청'과 '미소' 짓는 태도는 필수이다. 답변 도중에 면접관이 질문하거나 잠시 끊는다고 하더라도 방심은 절대 금물이다. 당황하지 말고 이때만큼은 멀티플레이어가 되어 미소를 띤 채 적극적인 경청의 자세를 보여라. 게다가 면접에서는 외적인 면, 이미지 등을 중요하게 본다. 따라서 표정이나 태도 등 비언어적 요소에 특별히 신경을 써야 한다. '~했는데요, ~그랬는데요' 등의 유아적인 말투나 '에, 음, 어' 같은 습관어는 반드시 고쳐야 한다.

방법 1 : 입장

① 종이를 들고 입장

② 웃음은 꼭 얼굴에 담을 것(입꼬리를 올릴 것)

③ 90도 인사

④ 안녕하십니까. 지원자 ○○○입니다.

입꼬리를 올리기 힘들어도 최대한 노력하자. 인사가 중요하다. 고개를 숙인 후 "안녕하십니까. 지원자 ○○○입니다"라는 멘트를 자신 있게 해야 한다. 90도 인사가 끝나고 해도 되고 인사하며 해도 되지만 되도록 낮은 톤이 좋다. 높은 톤은 가벼워 보인다.

방법 2 : 발표

습관어를 반복적으로 하는 습관을 고쳐라. 아예 의식적으로 하지 마라. 물론 사람이니 완벽하게 자제할 수는 없다. 그러나 개선 노력은 보여줘야 한다. 듣는 사람으로 하여금 집중력을 흐트러트릴 수 있다. 아무리 좋은 내용의 PT라도 거슬리는 것이 있으면 귀에 안 들어온다. 절대 몸을 꼬거나 짝다리를 짚어서는 안 된다. 일부러 그러는 것이 아니라 힘들어서 몸이 지치고 긴장되어 무게 중심이 치우친 것을 모르는 경우도 더러 있다. 습관어와 함께 늘 주지하고 있어야 한다. 긴장되면 말이 빨라지는 사람이 있다. 그러나 그럴 필요 없다. 조금 더 생각하면서 천천히 해도 된다.

만약 칠판 필기를 하고 싶다면 서론에서 중요 발표 내용에 대한 키워드만 적자. 그 이상은 적지 않는 것이 좋다. 발표 중간에 필기를 하면 발표가 끊기게 된다. 서론 키워드도 한두 단어만 쓰고 그게 아니라면 하지 말아야 한다. 목소리는 낮은 톤으로 너무 빠르지 않게 조곤조곤 설명하듯이 전달한다. 마인드맵 정리본은 자주 보지 않는다. 전체적인 구조와 키워드만 파악할 만큼 잠깐씩만 참고하고 나머지 시간은 면접관과 눈을 맞추며 교감하라. 과하지 않은 제스처와 시선은 아주 효과적이다. 10초 정도에 한 번씩 시선을 바꾸면 전문적으로 느껴진다. 처음부터 10초에 너무 집착할 필요는 없고 말할 때마다 자연스럽게 시선을 바꾸는 연습을 하는 것이 좋다.

방법 3 : 질문 접수

발표가 끝난 후 "질문 있으십니까?"라는 질문으로 주변을 환기한다. 면접관들이 질문을 하기 전까지 사이에 공백을 띄우지 않을 수 있다. 만약 자신의 이름을 호명하면 무조건 "예!"라고 대답하라. 물론 호명을 건너뛰고 바로 질문이 들어올 수도 있다. "~씨"보다는 "근데요", "아까 여기서요" 등의 문장으로 시작할 수도 있다. 이럴 때도 "예"라고 바로 대답하는 것이 좋다. 고개는 약간 숙인 상태에서 눈을 살짝 아래로 내리는 것이 좋다. 이러한 팁은 현장에서 너무 긴장한 나머지 들숨 날숨도 헷갈릴 수 있는 지원자를 위한 팁이다. 갑작스러운 질문에 어떻게 해야 할지 모르겠다면 기억하자.

면접관의 질문을 듣는 중 고개를 끄덕이며 동조의 표시를 하는 것이 좋다. 이때 당당하고 무엇이든 다 아는 듯한 태도는 오히려 마이너스이다. 도리어 겸손한 자세를 취해야 한다. 약간은 부족한 느낌이 훨씬 효과적이다. 마음을 너무 편하게 가지고 있는 것도 때로는 건방져 보일 수 있기 때문이다. 대답을 할 때는 질문을 끝까지 다 들어야 한다. 절대, 절대, 말이 끝나기도 전에 급한 마음에 대답하지 마라. "예, 답변 드리겠습니다" 같은 멘트로 살짝 시간을 끌어주고 1초 후에 답변을 시작하는 것이 낫다. 질문을 받자마자 시간을 두고 긴장을 완화하는 시간을 갖는 것이 좋다. 답변이 도저히 생각나지 않으면 원론적인 이야기를 하고 아는 이야기를 하면 된다. 추가 질문이 들어오면 그때 하면 된다. 답변은 절대 길게 하는 것이 아니다. 질문에 대한 답을 먼저 이야기하고 설명을 시작해야 한다. 당장 설명부터 시작하면 집중이 잘 되지 않는다. 만약 답변 중에 면접관이 말을 하면 무조건 멈추고 다시 "예"라고 대답하며 집중해야 한다.

방법 4 : 퇴장

① "감사합니다" 90도 인사

② 종이를 들고 문쪽으로 걸어나갈 것

③ 문 앞에서 면접관 쪽으로 뒤돌아선 다음 목례할 것(이때 입꼬리를 올려 웃음을 만들 것)

④ 조용히 문을 열고 퇴장

마지막까지 최선을 다하자. 면접관이 '수고했다'며 '나가도 좋다'고 하면 일어나서 '감사합니다' 하고 인사한 후에 퇴실하도록 한다. 이때 면접이 끝났다는 생각에 자세가 흐트러지거나 위축된 모습을 보여서는 곤란하며, 입실할 때와 마찬가지의 자세를 유지할 수 있어야 한다. 의자가 바르게 놓여있는지 점검하는 등 마지막까지 최선을 다하는 모습을 보여주어야 한다.

3
영어 면접

영어 면접에서 가장 중요한 것은 무엇일까? 영어 면접이라고 하면 '영어로 말하는' 연습만 하는 경우도 있다. 그런 이들이 착각하고 있는 것이 있다. 영어 면접도 지원자를 알아보기 위한 면접이다. 단지 영어로 진행될 뿐이다. 그러므로 면접 준비와 마찬가지로 기업 분석을 철저히 해야 한다. 영어로 원하는 직무나 산업군을 검색하면서 어떤 단어가 많이 쓰이는지 검색해보자. 그 직무에서만 유독 잘 쓰이는 단어를 위주로 중요한 쟁점이나 이슈를 파고들면 된다.

그런데 영어라는 말만 들어도 벌벌 떠는 사람들이 있다. 한국인으로 태어나서 왜 영어로 면접을 봐야 한단 말인가? 오만 가지 불편한 생각이 먼저 든다. 이런 사람이라면 회화 연습도 빠뜨릴 수 없다. 영어 면접은 갑자기 대답을 준비하기 어려운 만큼 평소에 꾸준히 회화 공부를 하는 것이 도움 된다. 긴장하면 준비한 스크립트도 눈에 안 들어온다. 자기도 모르게 자연스러운 본연의 회화 능력이 나오게 된다. 따라서 평소 얼마나 자주 영어를 사용해보았느냐가 큰 관건으로 작용할 수 있다.

영어 면접을 보는 업종은 주로 서비스직인 경우가 많다. 즉, 고객을 상대하는 일을 하는 사람들이다. 고객과 대화를 해야 하고, 고객이 외국인이라면 외국어로 말해야 하는 업종이다. 영어 면접의 목적은 ① 질문을 제대로 알아들을 수 있는지, 나아가 ② 커뮤니케이션 능력이 있는지 보려는 것이다.

영어를 사용하는 서비스업의 대표 격인 항공사의 경우 국내 항공사에서는 주로 '자신감'을 본다. 물론 영어 실력이 극단적으로 차이가 날 때는 메리트가 없지만, 면접자들의 영어 능력이 고만고만한 수준인 경우 자신감이 중요하다. 따라서 영어에 대한 두려움을 먼저 가지면 안 된다. 애초에 그 직무에서 영어 면접을 보는 이유는 일하면서 영어를 쓸 일이 있다는 뜻이기 때문이다. 질문을 알아듣고 한 문장이라도 입을 떼면 승산이 있다. 국외 항공사의 경우는 대다수 고객이 외국인인 만큼 대화가 가능해야 한다. 이는 항공사뿐 아니라 모든 서비스업에서 마찬가지이다.

또 하나 명심해야 할 것은 바로 '태도'이다. 고객 응대의 기본은 친절이다. 영어 면접에서도 똑똑한지를 보는 게 아니라 태도를 보려는 곳이 많다. 긴장되는 영어 면접 상황에서도 눈빛, 표정, 자세 등에서 '서비스맨'의 이미지가 풍기도록 노력해야 한다. 답변을 할 때는 빠르게 말하는 것보다 아이나 할머니가 알아들을 수 있는 수준으로 또박또박 말하는 것이 좋다. 또한 '미소'는 친절의 적극적인 표현임을 잊지 말자.

보통 해당 직무를 수행하는 데에 영어가 꼭 필요한 경우에 영어 면접을 진행한다. 항공, 호텔, 외식, 관광 등이 이에 해당한다. 하지만 걱정할 필요 없다. 영어 면접의 내용이 우리말 면접보다 더 쉬울 수도 있다. 다만 한국에서 나고 자라 영미권 문화에 맞는 답변을 작성하는 것은 약간 어려울 수 있다. 이럴 때 가장 도움 되는 것이 구글링이다. 영미권 사람들이 자신을 어떻게 어필하는가를 확인하자. 그리고 연습하자. 영어 면접의 핵심 포인트는 예상 질문을 뽑아보고 답변을 충분히 연습해보는 것이다.

빈출 문제는 크게 두 유형이 있는데 첫 번째로 Personal question, 개인에 대해 물어볼 수 있다.

자기소개나 강점과 약점을 묻는 것이 이에 해당한다. 우리말 면접은 직무와의 관련성을 찾는 편이라면 영미권에서 개인적인 질문을 하는 것은 그 사람의 진솔성을 보고 싶다는 의미가 강하다. 자기 성찰을 열심히 하면서 내가 어떤 면에서 매력적인 사람인가 어필할 방법을 찾아보자. 아래는 가장 흔하게 접할 수 있는 면접 문제다.

① Tell me about yourself.

② What do you know about this company?

③ Why did you apply for this position?

④ What is your strength and weakness?

⑤ Could you tell me the most compelling story in your school life?

⑥ Tell me about your hobby.

⑦ Could you tell me the book which you've read recently?

⑧ Have you been abroad?

⑨ So far, what did you do to increase your English Proficiency?

⑩ How will you study English after you get a job?

이러한 문제들은 이해하려고 하지 마라. 그냥 답변을 작성하고 달달 외우자. 단순한 패턴으로 기억하기 쉽게 어려운 단어를 쓰지 말고 작성하라. 애초에 영어를 자유자재로 능숙하게 구사할 수 없다면 그 사실을 받아들여야 한다. 복잡하고 정교하게 짠 언어라고 해서 더 좋은 점수를 받는 것은 아니다. 영어 면접이 그 회사에서 가장 중요한 면접이 아니고서야 이것만 잘해도 무난한 점수를 받을 수 있다. 커뮤니케이션 능력에는 언어 구사력만 속하는 것이 아니다. 난이도가 낮은 질문은 발음과 속도를 신경 쓰자.

그러니 절대, 절대 서두르지 마라.

말을 빨리하는 것은 자신감 없는 사람이든 영어를 원어민 수준으로 구사하는 사람이든 모두 마이너스 요인이다. 원어민처럼 잘하는 사람이라고 해서 말을 빨리 하는 것은 거만하고 도도한 느낌만 줄 뿐이다. 자신이 없어서 외운 대로 말을 빨리 하는 것도 두서없고 횡설수설한 느낌을 준다. 두 스타일 모두 신뢰감이 들지 않는 것은 확실하다.

예상 질문에 대한 답변을 정리하고 충분히 연습하자.

여기서 연습이란 자연스럽게 들리도록 문장을 구사하는 연습을 말한다. 위에 작성한 빈출 문제는 자기소개, 취미 등 일상적인 질문이다. 혹은 전공 선택의 이유나 지원 동기 등 지원자에 대해 알아보려는 의도가 다분한 질문이니 스스로에게 충실한 답변을 준비해야 한다. 주변에 영어를 잘하는 지인이 있다면 문맥상 어색한 곳을 첨삭받고 발음을 녹음한 후 들려주며 자연스러운지 물어보자.

사실 미리 다른 사람의 예시를 보는 것은 참고일 뿐 본인의 이야기는 아니기 때문에 여기서 도움은 되지 않을 것이다. 영어 면접 역시 면접의 하나로 진솔함을 보고 싶어 하기 때문에 특별히 정형화된 패턴이 있지는 않다. 다만 여기서도 두괄식으로 답하는 것이 좀 더 자신감 있어 보인다. 이 정도의 구성이면 패턴은 완벽하다.

직접 답변한 문장 + 근거 또는 예시 두세 문장 + 자신의 생각 혹은 의견

두 번째는 Behavioral question이다.

특정 상황이 주어졌을 때 어떻게 대처할 것인가 물어보는 것이다. 이에 대해서는 지원 직무와 회사마다 다를 것이다. 그 회사에 대해 확실히 알아보면서 접근해야 한다. 그러나 확실히 알아두어야 할 것이 있다. 면접 시 질문 대부분은 지원자 자신에 관한 것으로 국한된다. 그리고 지인에게 이야기하듯이 심각하지 않은 캐주얼함이 있어야 한다.

프리토킹 방식으로 진행되기 때문에 여기서는 외워온 답변이 큰 도

움이 되지 않는다. 자연스러운 대화를 위해 스터디를 통해 준비하는 것이 좋다. 만약 시험에 임박해 시간이 없다면 기업을 선택한 이유나 직무를 선택한 이유, 그리고 직무에 대한 지식만큼은 확실하게 대답을 준비하자. 직무에 대한 자신감 있는 답변은 영어 실력을 보여줄 수 있음과 동시에 왜 자신이 적합한 인재인지 어필하는 데 플러스 요인으로도 작용한다.

자주 묻는 질문은 '과거의 경험'이다. 아르바이트, 인턴십 등을 통해 직접 고객을 상대했던 경험, 그곳에서 느낀 점 등을 질문한다. 따라서 답변할 때 '에피소드'를 넣어서 설명하는 것이 효과적이다. 고객을 상대하며 어려웠던 경험, 보람 등을 말하는 것이다. 도입 부분에 재미있는 표현, 사례 등을 넣어 먼저 시선을 끌자. 당시의 상황 설명, 느낀 감정, 교훈까지 언급하는 '스토리텔링'이 가능하다면 합격 확률이 매우 높다. 특히 갈등 상황을 묻는 질문에서는 '해결 능력'을 보려는 의도가 다분하므로 '대처 방법'을 언급하고 커뮤니케이션 능력이 있다는 점을 강조하는 것이 좋다. '팀워크 정신'도 중요한 사항이다. 답변은 간단명료하게 5~6 문장으로 구성하는 것이 효과적이다.

단답형은 가급적 피하자.

질문의 요지를 명확히 이해하고 답변하려는 노력은 좋지만 그렇다고 너무 단답형으로 대답하여 딱딱한 인상을 주어서는 안 된다. 만약 알아듣지 못했다면 다시 묻거나 추가 설명을 요구해도 괜찮다. 핵심은 명확한 답변을 하는 것이다. 추측하여 엉뚱한 답을 하는 것은 언어 능력은 물론 신뢰성을 의심받게 한다.

표정 관리가 중요하다.

영어로 말하다가 순간적으로 막힌다고 해서 당황하지 말자. 영어 구사가 가능한지 보는 것이지 능통자를 요구하는 것은 아니다. 사소한 실수에 너무 마음을 쓰면 다른 면접까지 망칠 수 있다. 외국어로도 직무에 대해 설명할 수 있음을 어필해야지 사소한 실수에 표정이 굳어져 버리면 도리어 점수를 깎아먹을 수 있다.

영어 그룹 면접이나 토론 면접이라면 스터디로 준비하라.

일대일 면접보다 그룹 면접이나 토론이 지원자들에게 더 어렵다. 예측하지 못한 부분에서 질문이 생길 수 있고, 다른 지원자와 더욱 확실하게 비교된다. 뻔한 대답을 하지 않기 위해서는 평소 신문이나 관련 분야 정보 등에 대한 스터디를 통해 대비하는 것이 필요하다. 영어 실력은 몇 마디 나누어 보면 금방 파악되니 해당 산업 분야에 대한 나의 관심도를 보여주는 것이 좋은 어필 포인트가 될 것이다.

추가 질문에 대한 답변도 대비하라.

간단한 답변을 만들더라도 면접관이 추가 질문을 할 수 있는 여지를 주면 더욱 효과적이다. 따라서 아는 것을 한 번에 모두 설명하려 들지 마라. 궁금증을 유발할 수 있는 내용을 남겨놓는 것도 하나의 방법이다. 영어 면접은 특히나 꼬리물기형 질문이 많다. 본인이 질문하기 쉬운 길을 터놓고 답변하는 것이니 더욱 대답이 쉽다. 추가로 주어지는 면접관의 질문에도 막힘없이 답변하는 모습을 보여주면 완벽하게 준비된 사람이라는 인상을 줄 수 있다.

영어 면접은 물어보는 것이 정해져 있다. 그래서 발음과 속도를 강조하는 것이다. 이것만 잡아도 준비한 답변 내에서 점수를 얻을 수 있다. 영어를 못한다고 두려워할 필요 없다. 영어 면접은 전체 면접의 일부일 뿐이다. 다른 곳에서 얼마든지 만회할 기회가 올 것이니 과락만 당하지 않으면 된다. 반복 연습으로 충분히 좋은 점수를 받을 수 있다. 영어 면접도 결국 면접이다. 준비만 잘 해간다면 성공적으로 해낼 수 있다.

영어 면접의 다양한 형태

인성 면접 도중 영어 질문이 있을 수 있다. 예를 들어 어학연수에 다녀왔다는 말에 "방금 한 대답 영어로 해보세요"라는 질문을 받을 수 있다. 사실 내용은 별로 중요하지 않다. 영어 구사가 가능한지 확인하는 가벼운 테스트일 뿐이다. 이럴 때 질문 난이도는 낮다. 그저 발음과 속도에 신경 써서 가볍게 대답하면 된다.

혹은 영어 면접 중에도 한국인이 주관하는 영어 면접이 있을 수 있다. 보통은 면접관이 회사에서 영어를 가장 잘하는 해외파일 가능성이 높다. 발음과 속도에 신경 써서 최소 3문장 정도 연결해 답하면 된다. 가장 흔한 타입의 영어 면접이다.

외국인 주관의 영어 면접은 중요하다. 앞서 말한 대로 영미권 문화에 맞추면 된다. 프리토킹 형식으로 진행될 것이며 진지하고 엄숙한 분위기보다는 자유로운 느낌을 주는 분위기를 선호하는 면접관이 많다. 적극적인 제스처를 사용하면서 즐거운 인상을 주면 좋다. 발음과 속도는 중요하지 않다.

한국인과 외국인이 섞여 있는 면접은 묻는 사람에게 맞추면 된다. 한국인이 질문하면 발음과 속도에 신경 쓰고 외국인이 질문하면 내용에 초점을 두고 여유롭게 답하라. 정확하게 또박또박 말하면서 제스처도 간혹 섞어주면 된다.

영어 면접에서 쓰면 좋은 표현

- 면접실에 들어가며

  It's very nice to meet you, too.

  And thank you for inviting me along today.

어색한 분위기를 풀어줄 수 있는 표현이다. 첫마디부터 부드러운 영어로 시작하는 편이 이후 안정감 있는 면접을 하는 데 더욱 도움이 될 것이다.

- 자신을 소개할 때

  Let me introduce myself. / It is with great honor to introduce myself. : 인사 첫머리

  I'm currently studying 전공 at 대학명 University.

  I majored in ~ / I studied about ~ / It allowed me to understand ~ : 전공 소개

  I'm responsible for ~ / At the moment, I'm mostly involved with ~ / My position involves ~ / I'm in charge of ~ : 직책이나 업무 소개

  I've been working at ~ for the last (four) years and I like it

there, but now I feel ready to take on more challenging work.
: 저는 지난 (4)년간 ~에서 일했습니다. 그곳을 좋아하기는 하지만 이제는 좀 더 도전적인 일을 할 준비가 되었다고 생각합니다.

영어 면접의 출발은 '내가' 누군지를 알리며 시작된다. 전공, 공부한 것, 이직 전 직책 등을 소개할 수 있다. 미소를 띤 채 면접관에게 말하면 예의 있는 모습과 여유로운 느낌을 함께 줄 수 있다. 자신을 소개할 때 개인적인 가족 소개는 불필요하다. 지원하는 자리와 관련된 과거의 성취 경력을 특이 사항과 함께 간단히 언급하면 된다. 전공 소개가 흔하다. 전공을 통해 배운 점과 그것이 직무 분야에 어떻게 적용될 수 있는지 언급하는 것이 좋다. 전공이 연관 없다고 생각되는 경우에는 참여했던 팀 프로젝트를 언급할 수 있다.

- 강점을 드러낼 때

fulfill customers' needs : 고객 만족을 실천하다
deal with demanding customers : 까다로운 손님을 다루다
understand what customers want : 손님이 원하는 것을 이해하다
cooperate with my co-workers : 동료들과 협동하다
위와 같은 표현은 서비스 직종에서 강점을 내세울 때 좋다.
improved team work skills/service skills : 팀워크/서비스 기술을 향상시켰다
I love communicating with people and thought this job fits me.
I am a good copywriter. I've been posting articles on my

facebook with 2,018 followers. : 주장+근거
I am better ~ than 사람 / I have skill that~ / ~ is set me apart from other candidates : 다른 사람과 차별성 두기

지원자는 이미 기업과 관련한 다양한 정보를 알고 있을 것이다. 이때 지원하는 자리가 왜 본인에게 맞는지에 대한 어필은 직설적일수록 좋다. 하지만 언제나 Be yourself가 되어야 한다. 어떤 직무를 어떻게 담당할 수 있다고 설명하자. 내가 하고 싶은 일, 해낼 수 있는 일을 당당히 말한 후에 왜 내가 그 일을 잘할 수 있는지 구체적인 근거를 뒷받침하면 좋다. 면접관에게 나의 자신감과 신뢰감을 직접적으로 보여줄 수 있다. 내가 이 회사의 어떤 직무를 담당할 것인지 어필하는 것도 중요하다. 남들과 차이를 두어 말하는 것도 효과적이다. 수많은 경쟁자들 중에 왜 내가 이 일을 해야 하는지 구체적으로 설명해야 한다. 이렇게 하면 면접관에게 깊은 인상을 심어줄 수 있다.

- 협동심을 드러낼 때

accomplish a task : 업무를 마치다
cooperate each other/with : 서로서로 돕다/~와 돕다
make a great result : 좋은 결과를 만들다
beyond expectation : 기대를 넘어
I can work with people. / I enjoy collaborating with people.
My greatest professional strength is that I'm team player.

서비스직의 경우 팀워크를 강조하는 경우가 많다. 팀원들과 함께 일

을 공유함으로써 공동의 목표를 효율적으로 실현해나갈 수 있음을 언급하자. 팀으로 일해 본 경험을 꼭 정리해보고 서로 도와가며 좋은 결과를 만들었던 예시를 함께 언급하면 효과적이다. 팀 안에서 동료들과의 갈등 문제를 물어보는 경우도 많다. 회사 생활은 나 혼자만 잘한다고 일이 잘 되는 것이 아니다. 즉, 다른 사람과 협력하는 면모는 필수적이다. 위의 문장들은 단체 생활 능력을 어필할 수 있는 여러 표현들이다. 하지만 무조건 협조성만 강조할 필요는 없다. 회사가 어떤 자리를 뽑을 때는 원하는 인재상이 있다. 그에 부합하는 자신의 강점을 말할 때 응용하여 쓸 수 있는 표현들이다. 역시 뒷받침하는 일화를 들려주는 건 필수!

- 약점이나 불만 사항을 묻는다면

  My biggest weakness is that I have worked only with institutional clients.

  I find it frustrating not to be able to make decisions.

  I don't like the atmosphere in the company. / the company ethics / the lack of freedom / the bureaucracy : 회사 분위기/회사 규범/자유 부족/관료주의

  I don't feel there is any chance of promotion for me there, in the foreseeable future.

  I don't agree with the direction in which the company is going.

또한, 개인이 가진 약점을 물을 수 있다. 이때 회사에 해가 되는 약점을 언급하면 안 된다. 또한 개인적인 잘못을 말해서도 안 된다. 극복 가

능한 업무상의 제약 정도면 충분하다. 그리고 부족한 부분을 위해 노력한 내용을 언급하면 된다. 불만 사항 역시 마찬가지이다. 이직을 원할 때 기존 회사에 대한 불만은 없는지 물을 수 있다. 이쪽 회사에서 해결 가능한 사안이라면 말해도 된다.

- 마무리 인사

  Thank you for listening. / I would like to say thank you all for your attention.

  It was very interesting to meet you.

  Thank you very much for inviting me to meet you today.

  I hope very much to hear from you soon.

면접이 끝나면 예의 바르게 마무리하자. 내 말만 다다다 하고 나가버리면 조급해 보일 수 있다. 여유 있는 미소를 띠며 감사 인사와 함께 면접을 마무리한다.

4
최종 임원 면접

취업의 마지막 관문은 면접이며, 면접의 최종 단계는 임원 면접이다. 취업준비생 중에는 역량 면접, 프레젠테이션 면접 등으로 진행되는 실무 면접은 착실히 준비하지만 막상 임원 면접은 충분한 정보가 없어 준비가 미흡한 사람이 많다. 최종 임원 면접은 무엇을 어떻게 해야 할까? 다른 면접과 최종 임원 면접은 다를까?

많이 다르다.

최종 임원 면접을 시스템화할 수 있는 방법은 거의 없다. 보통은 면접을 어떻게 보아야 하느냐고 물으면 '조금 더 신경 써서' 보라고 한다. 그러면 또 의문이 남는다. 대체 무엇을 더 신경 써야 하는 걸까? 지원자로서 알아야 할 정보와 포인트를 모아보았다. 면접의 마지막 단계이자 입사하게 될 회사에서 만날 임원들과의 첫 대면 자리에서 미끄러질 수는 없다. 그런 만큼 긴장의 끈을 놓지 않고 탄탄한 준비를 통해 좋은 모습을 보여 준다면 취업의 최종 관문을 성공적으로 통과할 수 있을 것이다.

임원의 성향은 지금까지 면접을 거치며 만나왔던 실무 담당자의 성향과는 다르다.

기존 실무 면접 담당자들은 잘 웃어준 것이다. 그들의 웃음을 많이 못 봤다고 생각할지라도 임원에는는 비할 바가 못 된다. 임팩트도 안 먹힌다. 실무자들은 한 번쯤 인정해주기도 하는데 임원 면접은 반응이 별로 없다. 많은 사람들이 최종 임원 면접을 그동안 거쳐 온 면접의 연장선으로 생각하고 임팩트 한 방으로 좋은 효과를 노리고는 하는데 사실 그러한 전략은 오히려 결과가 좋지 않을 때가 많다.

임원 면접은 면접 분위기가 매우 보수적이고 엄숙하여 긴장하기 쉽다.

괜히 한 번 튀어보려고 노력하는 것은 떨어뜨려달라는 것과 마찬가지다. 임원 면접에서는 최대한 보수적으로 생각해야 한다. 굳이 분위기를 띄워보겠다고 나서는 것은 다 된 밥에 코 빠뜨리는 행위이다. 면접 분위기가 엄숙한 만큼 자기도 모르게 긴장하기 쉬우므로 미리 머릿속으로 답변을 생각해두고 있어야 긴장감을 조금이나마 완화할 수 있다.

임원 면접은 공통 질문이 별로 없다.

임원의 특징이다. 면접자 모두에게 궁금한 것이 없어 보인다. 어떻게 보면 관심도 없어 보인다. 사실 지원자 모두에게 관심이 많을 수가 없다. 특별히 예외적인 상황을 제외한다면 임원과 마주할 일도 없다. 그러나 지원자는 임원에게 관심을 가져야 한다. 잘 보여야 한다. 흠을 보여서는 안 된다. 따라서 면접 초반 첫인상과 자기소개에 신경을 더 많이 써야 한다. 웃는 모습을 보여 주어야 한다. 특히 첫인상이 중요하다. 첫인상은 입장에서부터 착석하고 인사할 때 다 결정된다. 특히 1분 자기소개를 하게 된다면 거기서 첫인상이 완전히 결정된다. 그렇기 때문에 초반에 정말 신경을 많이 써야 한다.

비언어적 요소 관리가 합격의 핵심 포인트이다.

임원 면접에서 가장 중요한 것은 비언어적 요소의 관리이다. 절제된 모습, 웃는 얼굴을 통해 호감을 쌓자.

임원 면접 중점 관리 4요소

1. 첫인상
2. 1분 자기소개
3. 질문 답변 대응
4. 미리 알아야 할 중요 사항

첫인상

입장 및 퇴장 자세에서 첫인상이 결정된다. 들어가기 전에 꼼꼼하게 점검하라. 입장 때 목례를 꼭 해야 한다. 웃는 모습으로 90도 인사를 정확히 한다. 목소리도 또박또박하게 낮은 톤으로 천천히, 정확하게 해야 한다. 웃는 표정을 점검하자. 웃는 얼굴을 하는 것이 유독 어려운 사람들도 있다. 이때 무작정 어색하게 웃는 것은 역효과이다. 입술을 일자로 만들어주자. 옅게나마 웃는 모습을 최대한 유지하자.

말투, 목소리, 말의 빠르기도 점검해야 한다. 특히 긴장하면 말이 빨라지는 습관은 좋지 않다. 임원 면접관들은 인내심이 부족하다. 문장은 간결하게, 핵심만 간단히 말하는 습관을 기르자. 낮은 톤으로 너무 빠르지 않되 보통보다는 조금 빠르게, 진지한 감정을 섞어서 말해야 한다.

약간의 제스처를 사용하면 더욱 바른 인상을 준다. 진지한 감정을 보이는 것은 매우 중요하다. 그러나 내가 진지하게 생각한다고 해서 반드시 진지하게 보인다는 보장은 없다. 이 때문에 제스처 또한 연습을 해야 하는 것이다. 허리나 고개를 약간만 끄덕거리는 것으로도 임팩트를 줄 수 있다. 이러한 자세가 바로 진지함을 의미하는 것이고 이것이 임원 면접관들의 마음을 움직인다. 사실 직원이란, 어차피 업무 능력은 다 비슷하다. 매우 특별한 케이스가 아닌 이상 대부분의 일은 누구나 비슷하게 곧잘 할 수 있다. 때문에 누가 조금 더 마음에 드는가가 중요하다. 그 요인이 바로 임원 면접에서의 비언어적 요소에 있다.

3~5초 간격으로 시선에 변화를 주는 것 또한 중요하다. 한 문장이 끝날 때마다 반드시 한 번씩 돌아봐야 한다. 간혹 안 하면 안 되느냐 묻는 사람도 있다. 시선 마주치기를 부담스러워하는 사람들이다. 그러나 시선 처리는 필수이다. 너무 부릅뜨고 쳐다보는 것도 문제이고 너무 고개를 못 들어도 문제이다. 다른 사람의 이야기를 들을 때는 경청하고 면접관과 눈이 마주칠 때는 눈을 살짝 아래로 피하고 옆으로 이동한다. 존경하는 시선을 담아 약간 긴장한 모습을 보이는 전략도 매우 좋다. 면접

관이 농담하고 분위기를 띄웠다고 해서 절대 흐트러지면 안 된다. 물론 농담하면 웃되 절대 해이해진 모습을 보이면 안 된다.

1분 자기소개

1. 절대 과도하게 길게 하지 말 것
2. 너무 임팩트를 주려 하지 말 것
3. 발표하는 동안 진지한 말투와 자세가 핵심 평가 포인트
4. 이미 1, 2차를 거쳐서 베스트 지원자들만 남았기 때문에 내용에서 큰 차별화를 이루기는 어렵다는 점을 감안할 것

실무 면접 때와 비슷하게 해도 무방하다. 그러나 딱 한 가지 기억할 점이 있다. 너무 길어져서는 안 된다. 임원 면접관들은 인내심이 없다. 긴장하거나 혹은 튀어보여야 한다는 부담감에 오버하는 사람들이 꼭 있다. 그러나 임팩트에 매달리지 마라. 실무진 면접에서는 먹힐지 몰라도 여기서는 아니다. 혁신적이지 않거나 원론적인 것은 산전수전 다 겪은 임원들에게 임팩트를 줄 수 없다. 여기서 유일하게 평가받을 수 있는 것은 진실성이다. 발표하는 동안 진지한 말투와 자세로 일관하는 것, 그것이 중요하다. 이전에 실무진 면접에서 높게 평가받은 사람이라면 면접관들이 그다지 질문을 던지지 않을 수도 있다. 그럴 때 별로 초조해할 필요는 없다. 여유 있게 각 잡고 앉아있으면 충분히 좋은 점수를 얻을 수 있기 때문이다.

질문 답변

질문 답변은 어떻게 대응하면 좋을까? 어떠한 경우에도 답변을 길게

하지 마라. 길고 핵심 없이 중언부언하는 답변은 면접에서 떨어지는 가장 빠른 코스다. 누차 말하지만, 임원 면접관은 인내심이 없다. 시간이 곧 돈인 사람들이다. 그들의 돈을 잡아먹는다는 느낌이 들면 당연히 눈 밖에 난다. 최대한 짧게 말해야 한다. 포인트를 딱 짚고 간결하게 대답하자. 만약 추가로 질문이 들어오면 당신에게 관심을 보인 것이다. 그때 좀 더 구체적으로 답변을 할 수 있어야 한다.

묻는 질문의 논점을 벗어나서는 안 된다. 대화에 집중을 못하는 사람 혹은 허장성세만 가득한 사람으로 비추어질 수 있다. 핵심을 파악하고 이에 합당한 답변을 할 수 있는 능력도 직장인에게 굉장히 중요한 능력이다. 또한 구체적으로 대답해야 한다. 질문이 두루뭉술해도 본인의 대답은 구체적이어야 한다. 간결하게 해야 한다고 해서 "다양한 경험을 통해 많은 것을 배웠다"라고 대답해서는 절대 안 된다. "어떠어떠한 아르바이트와 어떠어떠한 학과 경험을 통해 이러이러한 향상을 이뤄낼 수 있었습니다"라는 구체화가 필요하다. 구체적으로 답변하라. 구체성이 나의 가치를 올려줄 수 있다.

때로는 어이없는 질문을 받기도 한다. 이게 정말 임원들이 궁금해하는 사안인가? 하는 생각이 들기도 한다. 혹은 내가 알지 못하는 것을 묻기도 한다. 그럴 때는 모른다고 말해라. 잘 모르면서 유사한 것을 말하거나 아예 다른 것을 대답한다면 마이너스이다. 최대한 아는 만큼 말하고 모르는 것은 모른다고 말할 수 있어야 한다. 괜찮다. 모른다고 점수 깎이는 것 아니다. 성실하게 답변하려는 태도와 본인이 모르는 부분이 무엇인지 아는 것도 능력이다.

중요한 것은 본인이 아는 것을 답해야 한다는 점이다. 임원 면접관들은 본인이 지시한 사항과 다른 피드백이 돌아오는 것을 굉장히 싫어한다. 그들이 임원이 될 수 있었던 이유는 자신의 생각이 맞았고 그것이 이 회사와 잘 통했기 때문이다. 그리고 그로 인한 성과를 만들 수 있었기 때문이다. 그런데 자신이 지시한 사항과 다르게 딴지를 받게 된다면? 과연 창의적이라고 칭찬해줄까? 안타깝게도 그렇게 열린 사고를 가진 임원은 한국에서 손에 꼽을 것이다. 질문을 주관을 담아 판단하지 말고 아무리 생뚱맞은 질문이라도 답변을 하라. 아무리 원론적인 이야기라 하더라도 딴 얘기하지 말고 기본에 충실하게 답변하라.

물론 그때마다 비언어적인 요소는 제대로 관리가 되어있어야 할 것이다. 최종 임원 면접까지 갈 수 있는 사람이라면 아마도 대부분의 질문에 잘 대답할 것이다. 여기에 진지한 모습과 강력한 비언어적 요소를 더욱 신경 써 디테일을 살려준다면 더욱 호감을 불러 일으키게 될 것이다.

미리 알아야 할 중요 사항

마지막으로, 임원 면접관들은 선입견을 갖고 지원자들을 대한다. 이들의 눈앞에는 지원자의 모든 정보가 있다. 평가 점수부터 부모님 직업과 혈액형 등 사소한 정보까지 모두 들어있다. 이 정보가 물론 여러분의 전부라고 할 수는 없다. 하지만 회사는 개개인의 사정까지 이해해주는 곳이 아니다. 임원들에게 지원자는 손 안의 서류 그 이상도 그 이하도 아니다. 냉정하게 말해서 지금 만나고 더 안 볼 수도 있는 사람들이다. 임원이 지원자를 특별히 신경 써서 잘 보아줄 이유가 없다. 따라서 지원자들은 엄격하게 평가될 것이다.

임원 면접에서 가장 중요한 것은 두괄식 답변과 솔직함이다.

15분 남짓한 짧은 시간이다. 그 안에 임원들은 눈앞에 앉아있는 사람의 됨됨이를 평가하고 싶어 한다. 임원들은 손 안의 이력서를 토대로 질문할 것이다. 아마 예상한 질문도 들어올 것이고 당황할 만한 질문도 날아올 것이다. 그러나 긴장하지 말고 진솔하게 가라. 내가 어떤 사람인지 터놓고 말하되 두괄식으로 짧게 말한 후 '실제로 저는 ~한 경험을 하며 ~를 느꼈습니다'라고 솔직한 경험을 기반으로 논리를 완성시키자. 항상 웃으며 긍정적으로 생각하고 답변하라.

토익, 학점이 낮으면 잘못을 인정하는 모습을 보여라.

애초에 학점, 토익 점수 등이 낮으면 면접을 볼 수가 없다. 그럼에도 불구하고 임원 면접까지 왔다면 당신에게 그보다 점수가 높은 사람들을 쓰는 것 그 이상의 메리트가 있다는 뜻이다. 본인이 알아야 할 부분은 이것이다. 나의 어떤 점이 장점이며 이들에게 먹히는 부분인가. 만약 토익, 학점이 낮으면 나의 잘못임을 그냥 인정하고 흡수해 버려라. 대신에 반성하는 모습을 보이자. 그럼에도 불구하고 내가 여기까지 오게 된 이유를 먼저 생각하자.

약점을 잡고 흔들면?

절대 변명하지 마라. 그냥 반성하면 된다. '네, 맞습니다. 그러나 저는 이러한 강점이 있습니다'라고 말해 보완할 수 있는 강점을 제시하거나 '네, 맞습니다. 그래서 이러이러한 것이라 생각합니다'라고 말해 내 단점을 인정하거나 혹은 '네, 맞습니다. 만약 이러한 상황이 주어지면 이러한 방법으로 해결하겠습니다'라고 말해 단점에 대한 해결 방법을 제시할 수도 있다. 충분한 설득력이 있다면 얼마든지 공감을 불러일으킬 수 있다.

전공이 다르면 이 또한 사전 준비가 필요하다.

설득력 있는 답변을 미리 준비해야 한다. 비전공자는 누구보다 불리할 수 있는 위치에 있다. 특히 이직을 준비하는 사람이라면 더욱 그렇다. 이직 사유가 제대로 준비되어있는지 점검해보자. 보수적인 면접관들은 왜 지원했지? 하는 의문이 떠나지 않는다. 전공 분야가 아니거나 해오던 직무가 아닌데 지원하고자 한다면 왜 이 일을 하고 싶은지, 왜 해야 하는지를 반박 논리가 생기지 않게 대답해야 한다. '전공이 달라도 이해해주겠지'는 너무 태평한 생각이다. 설득력 있는 대답은 필수이다.

경험과 지식을 적극 활용하라.

임원들은 오랜 회사 생활을 통해 '바람직한 인재상'이나 '회사 생활의 가치관'에 대한 철학에 대한 선입견을 가지고 있기 마련이다. 따라서 지원자의 경험과 지식이 이에 맞는지 알고 싶어 한다. 편입과 어학연수 경험이 있으면 배운 점을 꼭 만들어 가라. 도전 정신, 책임감 등을 앞으로 회사 생활에서 적극 발휘할 수 있다는 점을 강조하면 좋은 인상을 줄 수 있다. 출신 학교가 별로 안 좋으면 지식적 부분을 더욱 어필해야 한다. 학교가 안 좋을 수는 있지만 이를 극복하기 위해서 내가 노력한 부분이 어떤 것인가 명확하게 밝힐 수 있어야 한다. 학교가 안 좋으면 별로 실력 없는 것이 아닌가 하는 선입견이 당연히 생길 수 있다. 학회나 세미나로 지식적 부분을 어필하자.

모두가 쟁쟁한 경쟁자들이다.

답변의 수준은 모두 상위 평준화되어 있을 것이다. 여기서 두각을 나타내는 것은 쉬운 일이 아니다. 따라서 비언어적 요소를 활용한 호감도 증대를 목표로 하자. 그렇다고 예상 질문 연습을 하지 말라는 뜻은 아니다. 둘 다 동시에 준비하자. 다만 임원 면접은 비언어적 요소가 더욱 중요하다는 뜻이다.

질문이 없어도 합격할 가능성이 매우 크다.

비언어적 요소만 관리하고 이전 면접에서 충분히 점수를 잘 받았으면 보지도 않고 통과할 수도 있다. 질문이 없다고 섣불리 무리수를 두는 것은 괜히 점수만 깎아먹는다. 특히 임원 면접에서는 독이 되는 경우가 훨씬 많다.

마지막으로…

면접관의 낚시에 속지 말자. 지원 동기를 물어서 답했는데, '그런 (판에 박힌) 답변 말고 진짜 지원 동기가 무엇이냐'고 재차 묻는다면 솔직하게 답해야 할까? 그렇다면 스스로에게 물어 보라. 내 속마음은 무엇인가? 돈 버는 것. 그것 말고 가장 강력한 동기는 없을 것이다. 이것을 몰라서 질문하는 것일까? 당연히 아니다. 면접관들은 지원자의 겉껍질을 벗겨서 속마음을 알려고 하지만, 진짜 속마음을 보여주는 건 바보 같은 짓이다. 진짜 속마음이 뭐냐고 묻는 등의 파생 질문(꼬리물기 질문)에 대한 답변도 미리 준비하는 것이 옳다.

면접 질문에도 공통적인 유형이나 공식이 있다. 꼬리물기 질문(파생 질문), 과거 행동에 관한 질문, 다양한 상황 질문이다. 이것은 임원 면접에서만 사용되는 것은 아니다.

① **꼬리물기 질문** : 꼬리에 꼬리를 무는 파생 질문으로 이어진다. 그래서 자주 묻는 문제에 대한 답변을 준비할 때는 그에 따른 파생 질문도 같이 준비해야 한다.

② **과거 행동에 관한 질문** : 과거 행동에 관해 묻는 면접관의 질문에는 현재 생각이 아닌 과거에 일어났던 일들을 통해 미래를 보여주는 답변을 해야 한다. 예를 들어 '동아리 프로젝트를 진행하며 이러저러한 갈등을 겪었지만 이러저러한 방법으로 해결했습니다' 같은 답변이 그 예다.

③ **상황 질문** : 직장인이 놓일 수 있는 다양한 상황에 대한 질문이다. 예전에는 '야근이나 회식이 잦아도 괜찮겠느냐', '지방에 파견되더라도 상관없느냐' 같은 질문이 많았지만 요즘에는 이렇게 직접적이고 수준 낮은 질문은 거의 하지 않는다. 그 대신 실제 기업이나 부서에서, 혹은 업무 중 일어날 수 있는 상황에 대한 질문이 많아졌다. 그런 질문을 받으면 먼저 요점을 파악한 뒤 그에 따른 논리적 접근을 해야 한다.

이외에도 임원 면접에서 받을 수 있는 대표적인 질문으로 '다른 회사는 어디 지원하셨나요?'가 있다. 이 질문의 의도를 먼저 알아야 한다. 임원 면접에서는 면접관들이 서류전형과 실무 면접을 통과한 상태의 지원자를 만나는 만큼 실무적인 역량은 이미 어느 정도 검증된 것으로 판단한다. 이 경우 다른 회사에서도 탐내는 인재일 가능성이 높기 때문에 '우리 회사에 꼭 오고 싶어 하는 사람인지'를 검증하고자 한다.

따라서 이러한 임원 면접 질문에 대한 답변을 통해 지원 회사에 대한 지원 동기와 충성도를 명확히 보여야 한다. 그렇다고 '다른 회사는 지원하지 않고 이곳만 지원했습니다'라는 답변은 현실성이 없다. 실제로 다른 곳 역시 지원했을 것을 누구나 안다. 도리어 이러한 대답은 진실성을 해친다. 이보다는 지원하는 분야와 직무에 있어서 일관성을 유지하면서 지원 회사에 대한 강력한 지원 동기가 있어서 반드시 이 회사에 오고 싶다고 어필하자. 임원들의 애사심을 건드릴 수 있는 진솔함이라면 무난하게 넘어갈 수 있는 질문이다.

면접의 목적은 누군가를 떨어뜨리는 게 아니라 가장 능력 있는 사람을 뽑는 데 있다는 것을 기억하자. '실수해서 떨어지면 어떡하지' 걱정하는 것보다 '오늘 준비한 것을 최대한 많이 보여줘야지' 하고 다짐하고 자신감 있게 임하면 좋은 결과가 함께할 것이다.

5
전공 면접

전공 면접은 기업마다 그리고 전형마다 매우 다르다. 다만 기본적으로는 자신의 전공 분야에 대한 기본 소양을 묻는 것으로 이해하면 된다. 그렇다고 해서 전공 면접을 준비하겠다고 대학 4년 동안 배우는 전 과정을 다시 다 공부하고 올 수도 없는 노릇 아닌가. 그러므로 일단 해당 지원 직무와 연관된 전공에 대해서 빠르게 파악한다.

A. 전체 그림 그리기

대학교 홈페이지에 보면 해당 전공학과가 기본적으로 이수하는 과정, 과목들을 정리해놓고 있다. 자신이 나온 학교 사이트가 익숙하니 그곳에 들어가 확인해보라.

예를 들어 경영학과라고 한다면, 서울대학교–경영학과–학부 과정

(학사)-커리큘럼란을 들어가볼 수 있다. (출처 : http://cba.snu.ac.kr/ko/graduate-curriculum)

학년/학기	1학기	2학기
1학년	251.101 * 경영학원론 251.103 * 경제원론	251.205 * 회계원리
2학년	251.204A 중급회계 1 251.207A * 경영과학 251.209 * 조직행위론 251.214 기업법 251.216 인턴십 1 251.218 마케팅사례연구 251.219 비즈니스 커뮤니케이션	251.215 조직구조론 251.217 인턴십 2 251.220 한국기업경영 251.301 * 재무관리 251.324A 중급회계 2 251.326 * 경영정보론
3학년	251.212A 지식경영시스템 251.306 * 관리회계 251.335 재무제표분석 및 기업가치 평가 251.338 기업과 경력개발 251.339 보험과 위험관리 251.340 기업지배구조의 이론과 실제 251.342 사회봉사와 리더십 251.401 회계감사 251.422 투자론 251.447 리더십특강 M1338.000100 전략경영특강 M1338.001000 기업리스크와 보험	251.303 * 인사관리 251.305 원가회계 251.317 금융기관경영론 251.320 * 생산관리 251.321 * 마케팅관리 251.322 국제경영 251.323 기업재무론 251.327 소비자행동 251.328 경영학특강 251.329 품질경영 251.331B 네트워크비즈니스경영 251.332 현대경영이론 251.333 기업윤리 251.334 신제품개발 및 제품관리 251.336 공급사슬관리 251.337 디자인과 경영전략 251.402 세무회계 M1338.001200 문화예술마케팅
4학년	251.325 고급회계 251.411A 마케팅조사론 251.420 파생금융상품론 251.424 * 경영전략 251.426 국제기업환경 251.434 기업경영특강 251.436 서비스운영관리 251.437 정보기술과 경영혁신 251.441 마케팅특강 251.445 회계학특강 251.449 경영정보 컨설팅 방법론	251.423 노사관계론 251.425 광고관리론 251.430 국제금융관리론 251.432 특수경영론 251.435 정보시스템특강 251.439 경영정보특강 251.440 국제경영특강 251.442 생산특강 251.443 인사조직특강 251.448 채권분석 251.450 기업가치금융

* 인간과 경영(251.330) (폐지:2015.2학기) 대체교과목: 조직구조론(251.215), 노사관계론(251.423)

이런 식으로 전체 1~4학년 과정을 보면 경영학과가 어떤 과목들을 배우고 있는지 전체적으로 살펴볼 수 있다. 이걸 본다고 해서 모든 것이 다 외워지는 것은 아니다. 그러나 전체적인 전공의 map을 이해할 수 있다. 이렇게 기본이 잡히면 혹시 조금 모르는 질문이 나오더라도 인접한 내용과 연관해서 말하거나, 그것이 어느 정도 위치에 속해있는지 예상 가능하다. 즉, 전공에 관한 큰 그림을 그리는 데 유용하므로 적극 활용하자.

하나의 예를 더 보겠다. 연세대학교의 공과대학 기계공학과의 경우 교과목 트리를 정리해놨다. (출처 : http://me.yonsei.ac.kr/kor/faculty/schedule.asp)

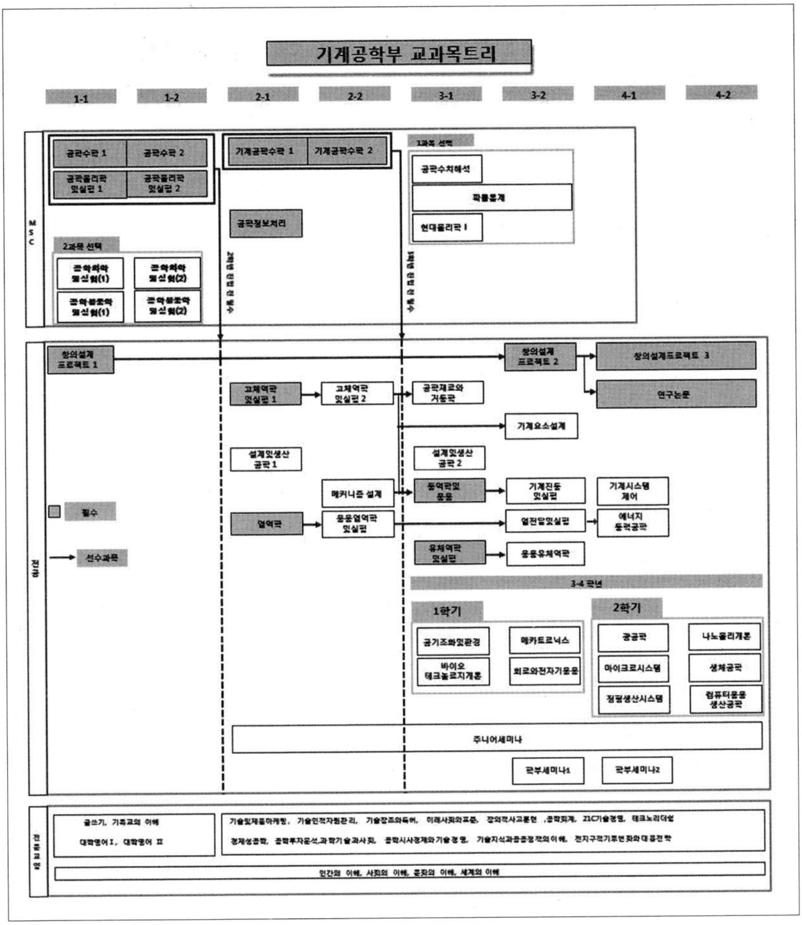

대학마다 커리큘럼이 약간씩 다르지만, 기본적으로 구성되는 과목들은 비슷하므로 잘 정리된 대학 커리큘럼을 한번 훑어보는 것을 추천한다. 대학에 다니며 배웠던 것, 놓쳤던 것, 해당 전공과목이 중시하는 키워드 등을 정리해두자.

특히 전공 성적이 안 좋은 경우일수록 전공 면접에 대해 포기해버리는 경향이 있다. 그러나 전혀 모르고 들어가서 헤매는 것과 최소한의 그림을 그리고 기본을 알고 들어가는 것은 차이가 크다. 전공이 아니라 상식도 대답하지 못하는 상태가 돼서는 안된다.

B. 전공 면접 기출문제 정리

지원 회사마다 전공 면접의 유형이 다르다. 전공 문제를 뽑아서 풀고 발표한 후 질의응답을 해야 하는 경우, 전공과 관련된 PT 주제를 받아 진행되는 경우(전공 면접 + PT 면접), 전공 면접이라고 하지만 실제로는 대학 생활에 대한 질문이 나오는 경우 등 유형이 다양하다. 따라서 지원 회사의 면접 유형부터 정리하라.

시간이 없더라도 〈전공 면접〉 전에 꼭 짚고 가야 할 것들

1. 졸업 프로젝트, 졸업 과제에 대해서만큼은 자신 있게 답변할 수 있는 수준으로 정리하라.
2. 전공 공부를 하며 자신이 배운 것과 현재 지원하는 직무의 연관성을 설정해 두자. (직무와 연관 없는 전공을 한 사람이라면 더더욱 자신의 전공 영역과 직무의 연관성을 만들어 두어야 한다. 오히려 해당 직무 비전공자이기 때문에 차별화될 수 있는 점을 찾아 어필하라)
3. 전공 세부 영역 중에 가장 관심 있었던 내용은 별도로 만들어라.
4. 전공 공부를 하며 가장 어렵고 이해되지 않았던 내용과 그 이유를 만들어라. (답변을 제대로 하지 못할 때 분명 도움될 수 있다)
5. 전공 영역에 대해 기본 이해가 전혀 없다면 〈OOO학 개론〉이라는 책을 구비하라. (중앙도서관에 널리고 널렸다) 그 책의 목차에서 이 학문의 목적, 학문의 배경, 방법론 등의 아주 기본적인 것만큼은 꼭 찾아 읽고 파악하고 가라. 준비하기 전과 후에 큰 차이를 느낄 것이다. 학문의 기본을 이해하면 대답할 때 큰 테두리를 벗어나지 않는 선에서 답할 수 있다.

부록 사용법

대부분 면접은 혼자서 준비하기 힘들다고 한다. 하지만 이 책을 만난 당신은 혼자서도 면접 연습이 가능하다. 이 부록이 당신의 면접 대응력을 최소한 50% 이상 향상해줄 것이기 때문이다.

이 부록을 펼쳐보면 면접관이 노려보고 있을 것이다. 당신이 면접을 보는데 면접관이 쌩글쌩글 웃어줄 것이라고 생각하지 마라. 최악의 상황을 가정하고 연습해야 한다. 나도 그런 경험이 있다. 면접의 중고수 수준이 되어서 면접이 우스워 보였는데 면접장에서 면접관들이 찡그리고 딴짓하고 있는 모습을 보니 집중력이 분산되고 머릿속이 혼란해지면서 횡설수설하게 되었다. 이 경험 이후 후배들을 교육할 때는 반드시 최악의 상황을 가정한 상태에서 연습시킨다. 최악의 면접관 표정을 보면서 연습했는데 면접장에서 면접관이 쌩글~ 웃어주면 당신의 실력은 2배가 된다.

이렇게 부록(면접관 사진)을 벽에 붙이고 연습하면 혼자서도 얼마든지 모의 면접에 준하는 연습을 할 수 있다. 이는 국내 최초로 시도하는 나의 아이디어다.

내가 전 세계 Interview 책을 찾아봤는데 어떤 책도 이런 연습 방법을 제안하는 것은 없었다. 아마 세계 최초인 것 같기도 하다.

당신은 세계 최초의 첨단 면접 연습 기법을 토대로 면접을 준비할 수 있다.

부록의 종이 재질에서부터 크기, 사진, 면접관의 표정 등 사소한 부분까지 정말 까다롭게 선택했다. 진정으로 당신이 효과를 볼 수 있도록 하기 위해서다. 이 부록 때문에 고생한 출판사에 미안한 마음이 들지만 어쩔 수 없다. 이것으로 연습하면 당신은 분명히 면접장에 가서 큰 효과를 볼 것이기 때문이다.

이 부록을 마지막으로 나는 이 책에 내가 가진 모든 정보를 다 주었다. 이제 당신의 차례다. 이 책의 정보를 바탕으로 과감하게 면접에 도전해서 성공하길 바란다.

MEMO

MEMO

MEMO

MEMO

MEMO

취업면접비법

발 행 일 2023년 5월 1일 개정4판 1쇄 인쇄
2023년 5월 10일 개정4판 1쇄 발행

저 자 김준영

발 행 처 크라운출판사
http://www.crownbook.com

발 행 인 李尙原
신고번호 제 300-2007-143호
주 소 서울시 종로구 율곡로13길 21
공 급 처 (02) 765-4787, 1566-5937, (080) 850~5937
전 화 (02) 745-0311~3
팩 스 (02) 743-2688, 02) 741-3231
홈페이지 www.crownbook.co.kr
I S B N 978-89-406-4711-0 / 13320

특별판매정가 15,000원

이 도서의 문의를 편집부(02-6430-7012)로 연락주시면
친절하게 응답해 드립니다.